人美书谱

宇卷 行书

晋 王羲之 行书丛帖（宝晋斋法帖本）

人民美术出版社

北京

王羲之（三〇三—三六一），東晉時期著名書法家，史稱「書聖」，琅琊臨沂（今山東臨沂）人，後遷會稽山陰（今浙江紹興）。其行、草、隸、真各體兼善，書法「總百家之功，極衆體之妙」，開拓了不同于魏晉之風的嶄新書體樣式，自成一家，影響深遠。

王羲之出身于東晉著名書法世家——琅琊王氏，是王吉的十世孫。祖父王正，尚書郎。父親王曠，西晉末年任丹陽太守。永興二年（三〇五），北方大亂，王曠經其兄王導向第三代琅琊王司馬睿提南渡過江之議，後輔佐司馬睿坐鎮江東，建立東晉。此後東晉早期，王氏家族躍居高門，出現「王與馬共天下」的格局。王氏中書藝最精者，當屬王羲之叔父王廙，《晉書》載其「少能屬文，多所通涉，工書畫，善音樂、射御、博弈、雜伎」，其書傳鍾法，在當時地位極高。其兄王導，亦善行草。此二人後，王氏子孫幾乎無不善書，琅琊王氏一舉成爲東晉門閥政治時代第一書門。

王羲之年少時便深得從伯王導、族伯王敦器重，書法卓爾不群，位列「王氏三少」之中。約二十三歲之時，王羲之出仕任秘書郎，此後往江州臨川任郡守，永和四年（三四八），爲舊友殷浩舉薦，任護軍將軍之職。但軍職並非其所願，永和六年（三五〇），王羲之「苦求于宣城郡」，未果。後離都赴會稽山陰任内史，亦領兵，軍號右軍將軍。永和九年（三五三），他召集築室東土的名士、屬官，在山陰蘭亭舉辦了一次雅集，會上所書的《蘭亭叙》成爲千古名篇。兩年後，王羲之主動辭去官職，隱居山陰，于公元三六一年病逝。

王羲之的書藝，年少師承于衛夫人。衛夫人，名鑠，字茂漪，西晉書法家衛恒的從妹，江州刺史江夏李矩之妻。師鍾繇、善隸、楷。傳爲王羲之所作的《題衛夫人〈筆陣圖〉後》中提到：「予少學衛夫人，將謂大能。」雖然這篇文章是否真正爲羲之所寫目前尚未有定論，且王羲之之後來對「學衛夫人書」持否定態度，但此説流傳甚廣，後人多以衛夫人爲其書法的本師。沈尹默也曾言：「文中叙述，雖猶未能詳悉，却有可以取信之處。」而關于王羲之師從衛夫人的可靠記載，見于南朝宋羊欣《采古來能書人名》：「晉中書院（郎）李充母衛夫人，善鍾法，王逸少之師。」王羲之從衛夫人處習得基礎正書技法後，十餘歲便轉師叔父王廙，隨其南下渡江，十餘年間均在建康，接受王廙的教導，直至二十歲時王廙去世。王廙是東晉早期著名的藝術家，書畫修養極高，傳鍾法，善正書、行書、草書、飛白書等各種書體。師從王廙的這段時間裏，王羲之逐漸習得衆體技法，此後義之書藝之高，兼善名體，與其叔父的教誨和熏陶息息相關。二十歲後，王羲之的正書、行書尚鍾繇，草書效法張芝。鍾、張在當時是書届公認的權威，王羲之在《自論書》中言：「尋諸舊書，惟鍾張故（固）爲絕倫，其餘爲（惟）是小佳，不足在意。」其不僅以鍾、張爲楷模，還想要超越此二人，建構新的書法高峰，曾自稱：「我書比鍾繇，當抗行，比張芝草，猶當雁行。」由此可見，王羲之書法受鍾繇、張芝影響頗深，而後「總百家之功，極衆體之妙」，才建樹「今體」，創造了全新的書法樣式。

王羲之是書法史上公認的「書聖」，其書法博涉多優，楷、行、草書皆擅。其草書傳世作品甚廣，沿用章草的規則，托古改制，剔除隸意，易字勢的橫張爲縱斂，筆意連綿，婉轉流貫，筆勢雄勁，放縱生奇，擺脫了字學的義象和義理，突破了以單字爲造型單位的舊法，創樹了獨特的「字群結構」，草書被賦予了一種獨特的結構美，這便是王羲之所創造的今草樣式。他的今草，爲草書立下新的法門，標志着東晉草書的新階段。王羲之的行書，筆姿變化多端，引草書寫法筆勢入行書，同樣含有筆勢貫通的「字群結構」，映帶連綿，逸美攲側，史上最著名者便是《蘭亭叙》。

其楷書祖述鍾繇，但變其古形，改鍾繇楷書字體橫張爲縱斂之勢，字形也由橫扁爲縱長，筆法采用「內擫」法，筆畫結構更加緊結，趨于穩定。一改鍾書的隸意，呈現新體楷書矜莊嚴肅之氣象。王羲之的書法歷來評價極高，梁武帝蕭衍道：「義之書字勢雄逸，如龍跳天門，虎卧風閣。」唐李嗣真在《書後品》中評價說：「右軍正體，如陰陽四時，寒暑調暢，岩廊宏敞，簪裾肅穆。……若草、行雜體，如清風出袖，明月入懷。」并稱王羲之爲「書之聖」、「草之聖」、「飛白之仙」。歐陽詢在《用筆論》中也提到：「盡妙窮神，作範垂代，騰芳飛譽，冠絕古今，唯右軍王逸少一人而已。」

漢魏以來，鍾、張之後，楷書、行書、草書逐漸流行于士族，新興書體的字法、筆法、技法日益成熟，在這種背景下，王羲之能够「損益鍾君之隸」，「剖析張公之草」，總結諸多前輩書家的書寫範式，技道結合，去質增華，裁成「耀文含質、離方循圓、神韵充盈、意氣風發的今體」，創造了不同于漢魏的書體樣式，把妍美書風推向新的高度，因此名掩鍾、張，成爲書法史上無人能及者。其從弟王洽曾言義之「俱變古形，不爾，至今猶法鍾張」，可以說王羲之的書法代表了整個東晉時期的整體書風。其「今體」用筆簡練明快，按鋒直引，一拓直下，一改鍾書「翻筆」的寫法，發揮折筆和側鋒，筆畫沉穩端莊，結體攲側，斜劃緊結，字態勻稱，雄秀天然；其筆勢環轉縱引，連貫流暢，捨正生奇，去除隸書的橫張之勢，筆鋒也不再遵從單個字形的章法綫運行，一些筆畫的組合關係産生變異，形成大于單字的「字群結構」，爲日後行草書立下了新的法門。王羲之的今體書法，較魏晉時期流行的楷書、行書和草書寫法，在筆意、筆勢、筆畫、結體和章法上都幡然一變，「在書法藝術的領域內最爲完美地體現了魏晉風度，又未流于疏狂，合乎儒家所要求的『文質彬彬』和『中和』的審美理想」，書法被賦予了「以形寫神」的功能，將東晉時期書法藝術推向了一個新境界。

《寶晉齋法帖》十卷，北宋曹之格增補。米芾（一〇五一─一一〇八），字元章，號襄陽漫士、海岳外史等，北宋書法家、畫家、書畫理論家，與蔡襄、蘇軾、黃庭堅合稱「宋四家」，祖籍山西太原，後定居潤州（今江蘇鎮江）。曹之格，字號、生卒不詳，南康軍都昌（今江西都昌）人。

《寶晉齋法帖》共十卷。第一至第五卷，除謝安《八月五日帖》（又名《告淵朗帖》）外，其餘均爲王羲之書，

第六、七兩卷爲王獻之書；第八卷爲王凝之、王徽之、王操之、王渙之書；第九、十兩卷爲米氏父子書。該帖内容充實，存有諸多珍貴墨迹，是今人研究晉唐書法的重要史料，《翰林要訣》云：「學者賴此得見晉唐仿佛。」現藏上海圖書館的十卷本《寶晉齋法帖》是當前公認的宋拓全本。

「寶晉齋」爲米芾的齋名，米芾好收藏歷代法書名畫，尤喜晉人書迹，曾云「余家晉唐古帖千軸」，建中靖國元年（一一〇一）米氏得蔡京所藏東晉謝安《八月五日帖》後，名其齋曰『寶晉』。崇寧四年（一一〇五）左右，任職無爲軍的米芾將其所藏王羲之《王略帖》、謝安《八月五日帖》以及王獻之《十二月帖》墨迹摹寫刊石，刻成《寶晉三帖》，惜原石隨即役于兵火。後葛佑之據火前善本重刻，刻本與原先殘石同置官舍，到寶佑二年（一二五四），葛氏刻石亦殘毀。咸淳四年（一二六八），時任無爲（今安徽省巢湖市無爲縣）通判的曹之格將此前收集的葛氏重刻殘石及火前、火後拓本，加上自家所藏晉人名帖和米氏書迹等，匯爲十卷，重新摹勒上石。因刻置米芾『寶晉齋』匾額于卷首，故名《寶晉齋法帖》，亦寓紀念米芾之意。

本書所收《寶晉齋法帖》第三卷和第五卷《晉右軍王羲之書》，許多是《淳化閣帖》中未有收錄的王羲之墨迹，在此放出，供讀者欣賞。

行書概述

□ 孫曉雲

行，顧名思義，就是『行走』的意思，是介於『踏步』和『奔跑』之間的行進狀態，『行書』，也就是介於『楷書』和『草書』之間的書法狀態。

行書作爲一種書體，大約產生於漢魏之際，關於它的來源衆說紛紜，大致有兩種。第一種是源自楷書。蘇軾《題唐氏六家書後》云：『真生行，行生草。真如立，行如行，草如走，未有不能立而能行，不能行而能走者也。』劉有定《衍極註》說：『行書，正之小變也。』何良俊《四友齋書論》說：『書法自篆變而爲隸，隸變而爲楷，楷變而爲行草，蓋至晋而書法大備。後簡易相間而行，穠纖間出，非真非草，離方遁圓，乃楷隸之捷也。』張懷瓘《書斷》說：『所謂行者，即真書之少縱略。後簡易相間而行，如雲行水流，一言以蔽之：『行書即正書之小譌，務從簡易，相間流行，故謂之行書。』

行書從楷書演變而來的說法在古代已經十分流行，蘇軾、劉有定、何良俊、宋曹、張懷瓘認爲行書是在楷書的基礎上產生的，稍加縱略，筆畫間加強牽絲連帶，字形更爲簡便實用。

第二種是源自隸書。《平生壯觀》卷一說：『漢魏之交，分隸初變真、行。』阮元《南北書派論》說：『書法遷變，流派混淆，非溯其源，曷返於古？蓋由隸字變爲正書、行草，其轉移皆在漢末、魏晋之間。』從目前出土的書迹來看，漢代潦草的隸書，草率書寫，筆畫省簡，字勢由橫勢變爲縱勢，初步具備早期行書的『雛形』，隨着在日常生活中運用範圍的擴大，『趨急赴速』的實用性漸漸地被人所接受，經過不斷的加工和改造，行書慢慢發展演變爲新興的書體。

漢魏之際，字體屬於嬗變劇烈時期，隸書已經相當發達，楷書、行書、草書都已出現，從時間上說，楷書和行書幾乎是同步出現的。

『行書』的名稱可追溯到西晉，衛恒《四體書勢》一文：『魏初，有鍾（繇）、胡（昭）二家爲行書法，俱學之於劉德昇。爾後，行書有許多別名，南朝羊欣在《采古來能書人名》中說：『晉齊王收善草行書。』又說：『鍾有三體，一曰銘石之書，最妙者也；二曰章程書，傳秘書、教小學者也；三曰行狎書，相聞者也。』王僧虔《論書》說：『羊欣、邱道護并親授於子敬。欣書見重一時，行草尤善，正乃不稱。』張懷瓘《書斷》說：『（胡昭）真行甚妙。』竇臮《述書賦》：『楊真人之正行，兼淳熟而相成。』韋續《五十六種書》說：『藁及行隸，鍾繇變之。』『義、獻重焉。』『行書』一詞在沒有獲得普遍認可的情形下，『草行』『行狎書』『行草』『真行』『正行』『行隸』都曾指代『行書』，雖然稱呼不同，但是實質是相同的。

而古人總是將行書稱爲『行狎書』。字典上，『狎』是親昵而不莊重的意思。在這個意義上來說，『狎』就是相對於『莊重』的『潦草』，是依托於一種正規形態，包含了『便捷』『簡約』的意思。所以，將『隸』『楷』寫『潦草』了，都可以作爲『行狎』看。『隸』與『行』以及『楷』與『行』之間確實存在關聯，結構和筆法有相似之處。

張懷瓘《書議》說：『夫行書，非草非真，離方遁圓，在乎季孟之間。兼真者，謂之真行，帶草者，謂之行草。』這是對行書最好的詮釋。即草書產生之後，行書即可以分爲兩類，一類是行楷，字形端穩，容易識別，筆畫間牽絲連帶較少；另一類是行草，字形潦草，筆畫常有省略且多連筆，書寫速度較快。

從結體上説，行書簡便快捷，流麗生動，静中有動，動中有静，行楷則端莊雅正，行草則欹側多姿。

從筆法上説，行書用筆豐富，無垂不縮，無往不收，方圓并用，或提或按，時斷時連，中鋒和側鋒兼具，藏鋒和露鋒兼施。

從章法上説，行書形式多樣，或字距緊密，或字距緊，行距鬆；或字距和行距緊密，亂石鋪街，或字距緊，行距鬆，疏朗開闊；毋庸置疑，行書作爲一種書體，在書法歷史上是最晚産生的。

相傳行書的創立者是劉德昇，張懷瓘《書斷》説：『案行書者，後漢潁川劉德昇所造也，即正書之小譌，務從簡易，相間流行，故謂之行書。』劉德昇是東漢桓、靈帝時代（一四七—一九〇）的書法家，他對民間流行的草率的行書加以規範和改造，樹立了行書的法則，從而被人尊稱爲『行書鼻祖』。因劉德昇没有書迹傳世，具體樣式我們很難得知，張懷瓘《書斷》説：『劉德昇字君嗣，潁川人，桓、靈之時，以造行書擅名，雖以草創，亦甚妍美，風流婉約，獨步當時。』妍美、風流、婉約大概是劉德昇的行書風格，從文獻的記載來看，至少在劉德昇時代行書已經出現了。

魏晋時期是行書演進并走向成熟的時期，魏初鍾繇、胡昭二人是劉德昇的弟子，書名享譽當時，羊欣《采古來能書人名》云：『劉德昇善爲行書，不詳何許人。潁川鍾繇，魏太尉；同郡胡昭，公車徵。二子俱學於德昇，而胡書肥，鍾書瘦。』西晋時期荀勖立書博士，以行書教習秘書監弟子，行書得到了迅速的發展，阮籍、阮咸、山濤、劉伶、衞瓘等人皆擅行書。西晋時的行書還停留在實用的狀態上，尚無嚴格的藝術法則，實用性很强，而藝術性相對弱，然而這一現象在東晋却得到了改變，東晋以『二王』父子

爲代表的書法家，總結前人的經驗，推陳出新，創造了精致唯美、瀟灑簡遠的行書風格，使行書定型并獲得了空前的繁榮。南朝書家王愔説：『晋世以來，工書者多以行書著名。昔鍾元常善行狎書是也，爾後王羲之、王獻之并造其極焉。』

王羲之、東晋時期著名書法家，字逸少，琅琊臨沂（今山東臨沂）人，後遷會稽山陰（今浙江紹興），歷任秘書郎、寧遠將軍、江州刺史等職。王羲之諸體皆精，尤善行書，『增損古法，裁成今體』，將漢魏的質樸書風變爲妍美流麗，代表作品有《蘭亭叙》，號稱『天下第一行書』。王羲之的行書用筆内擫，造型多變，流暢自然，風流藴藉，後人以『飄若游雲，矯若驚龍』『龍跳天門，虎卧鳳閣』『盡善盡美』來形容王羲之的書法風格。他被世人尊稱爲『書聖』。

王獻之，字子敬，王羲之的兒子，與父并稱爲『二王』，其行書一改王羲之内擫的筆法爲外拓，用筆更加汪洋恣肆，氣勢連綿，書風更加瀟灑妍美。代表作品有《廿九日帖》《更等帖》《地黄湯帖》等。張懷瓘《書議》説：『子敬才識高遠，行草之外，更開一門。夫行書，非草非真，離方遁圓，在乎季孟之間。兼真者，謂之真行；帶草者，謂之行草。子敬之法，非草非行，流便於行，開張於行，草又處其中間。……逸少秉真行之要，子敬執行草之權，父之靈和，子之神俊，皆古今之獨絶也。』

經過『二王』父子的不懈努力，行書在東晋高度成熟，不僅實用性强，而且藝術性突顯，行書的範式得到了確立，後人沿着『二王』開拓的行書道路前行，演繹出多姿多彩的藝術風格。楊慎《墨池瑣録》説：『晋人書雖非名法之家，亦自奕奕有一種風流藴藉之氣。緣當時人物，以清簡相尚虛曠爲懷，修容發語，以韵相勝，

落華散藻，自然可觀。』馬宗霍《書林藻鑒》說：『晉人書以韵勝，以度高。夫韵與度，皆須求之於筆墨之外也。韵從氣發，度從骨見，必内有氣骨以爲之幹，然後韵斂而度凝。』晉人崇尚玄淡，縱情於山水之間，以書法抒情達意，以韵相勝，風流儒雅，超凡脱俗。

劉熙載《藝概》云：『王家羲、獻，世罕倫比，遂爲南朝書法之祖。其後擅名宋代，莫如羊欣，實親受於子敬；齊莫如王僧虔，梁莫如蕭子雲，淵源俱出『二王』。陳僧智永尤得右軍之髓。』南朝宋齊崇尚王獻之，梁陳之際轉而尚王羲之。南朝的行書大多規模『二王』，繼承有餘，而創新不够，趙孟頫曰：『齊、梁間人，結字非不古而乏俊氣。』大概南朝的行書有古意，然缺乏俊氣，成就不高。

唐代是行書發展的黄金時期，盛唐之前的行書雖名家輩出，然因法度所限，終究難有很大的突破。李世民行書用筆精工，法度粹美，激越跌宕，首開行書入碑先河。歐陽詢行書，體勢縱長，筆力勁健，嚴謹險峻。虞世南行書結體多姿，筆勢圓活，蕭散衝淡，剛柔并濟。陸柬之行書風骨内含，神采外映，得《蘭亭》神韵。褚遂良行書筆勢縱横，嫵媚遒勁。盛唐時期的行書與國勢一樣，氣勢恢宏，沉雄渾厚，代表了唐代行書的最高成就。代表人物有李邕和顏真卿。

李邕（六七八—七四七），字泰和，揚州江都人，曾任户部員外郎、括州刺史、北海太守等職。李邕善行書，從『二王』而來，而又自成一格。鄭杓說：『古之銘石，典重端雅，使人興起於千載之下。邕以行狎相參，後復傀异百出，邕作俑也。』李邕以行書入碑，其作品《麓山寺碑》《李思訓碑》，博大寬厚，左低右高，上舒下斂，風度閑雅，翩翩自肆，一點一畫皆如抛磚落地，點畫蒼勁厚實。董其昌說：『右軍如龍，北海如象。』足見李邕行書的高超。

顏真卿（七〇九—七八四），字清臣，陜西西安人，官至吏部尚書、太子太師，封魯郡開國公，人稱『顏魯公』。顏真卿的行書法乳『二王』，褚遂良、張旭等人，以篆籀筆法入行書，使用外拓筆意使結體向外擴張，氣勢磅礴，點畫渾厚，鬱勃遒勁，開唐代書法雄渾一路的先河。顏真卿學古而不泥古，自出新意，代表作品有《劉太衝帖》等。其中《祭姪稿》被譽爲『天下第二行書』。可以說顏真卿是繼『二王』之後在行書領域的大家，宋代以後的諸多書法家都師從顏真卿，其影響之大，字有人能匹及。項穆《書法雅言》云：『顏清臣雖以真楷知名，實過厚重。若其行書如《鹿脯帖》，行草如《争坐》《祭姪帖》，又舒和遒勁，豐麗超動，上擬逸少，下追伯施，固出歐、李輩也。』

晚唐的杜牧和柳公權皆善行書，杜牧有《張好好詩》傳世，氣格雄健，有六朝風藴，柳公權以楷書聞名，然其行書也出手不凡，所書《蒙詔帖》，氣勢雄豪，險中生態，骨力奇强。

唐代的行書成就當以顏真卿和李北海最高，影響也最大，最能代表唐代的開張雄渾氣勢。李世民、歐陽詢、虞世南、褚遂良，陸柬之、柳公權、杜牧諸人都是行書的高手，他們或以楷書名世，或以文章馳名，然行書各具姿態，别有風韵。梁巘《承晉齋積聞錄·學書論》說：『唐人勁健，書如烈士拔劍，雄視一世。』此說言之有理，頗能反映唐代行書的風貌。

五代的歷史雖不長，然行書却有可觀之處，楊凝式堪稱行書大家，出入『二王』和顏真卿，而加以不衫不履，遂自成家。代表作品《韭花帖》，疏朗娟秀，落落大方，格調高古。包世臣《藝舟雙楫》云：「書至唐季，非詭異即軟媚，軟媚如鄉愿，詭異如素隱，非少師之險絶，無以挽其頹波。」楊凝式是連接唐代行書和宋代行書的關鍵人物，承上啟下，功不可没。

宋代是行書發展的又一高峰，人才輩出，星光璀璨。宋初的行書沿襲唐末五代而來，了無新意，李建中、周越、王著等人的行書法度嚴謹，然缺乏韵味，難以形成氣候，真正代表宋代行書的是宋四家：蘇軾、黄庭堅、米芾、蔡襄。

蘇軾（一〇三七—一一〇一），字子瞻，號東坡居士，四川眉山人，曾任翰林學士、侍讀學士、禮部尚書等職。蘇軾詩文書畫俱佳，其書法以行書見長，「二王」、顏真卿、李北海、楊凝式都是其師法的對象，入古出新，喜用偃筆，字形扁闊豐肥，如石壓蛤蟆，墨色濃，書風厚重而不失飛揚，所著《黄州寒食帖》被譽爲『天下第三行書』。蘇軾作書强調『意趣』，曾云『我書造意本無法』，『自出新意，不踐古人』。蘇軾蔑視成法，倡導新意，是宋代『尚意』書法的領軍人物。

黄庭堅（一〇四五—一一〇五），字魯直，號山谷道人，江西修水人，開創了『江西詩派』，歷任校書郎、集賢校理等職。黄庭堅是蘇軾的學生，受老師的影響，其書法也獨標個性，曾說『隨人作計終後人，自成一家始逼真』，黄庭堅的行書取法顔真卿、楊凝式、蘇軾等人，加以改造，形成了自我面貌。《松風閣詩》爲其代表作品，中宮緊收、四綫發散，行筆曲折頓挫，氣魄宏大，雄放瑰奇。黄庭堅是宋代『尚意』書法的中堅力量，不踐古人，風格強烈，影響深遠。

米芾（一〇五一—一一〇八），初名黻，後改芾，字元章，祖籍太原，後遷襄陽。曾任校書郎、漣水軍使、太常博士、書畫博士、禮部員外郎等職。米芾臨池甚勤，廣收博取，出入晋唐，走的是一條集古出新的道路，融會多家，自成一體，其行書用筆多變，八面出鋒，以刷字聞名，風墙陣馬，沉着痛快，結體奇絶，變化多端。與蘇軾、黄庭堅一樣，米芾也追求新意，曾言：『意足我自足，放筆一戲空。』正是有了這種心態，米芾才能大膽獨造，風流獨步，直追晋人。

蔡襄（一〇一二—一〇六七），字君謨，福建仙游人，曾任龍圖閣直學士、樞密院直學士、翰林學士等職，出任福建路轉運使，知泉州、福州、開封和杭州府事。蔡襄諸體皆能，功底扎實，臨池勤奮，以行書最勝，師法『二王』，謹守法度，他的行書雍容華貴，體態妍媚，點畫規矩，書風溫雅，代表作品有《澄心堂紙帖》《脚氣帖》《扈從帖》《陶生帖》等帖。蔡襄的行書雖遠師魏晋，但法度多於意趣，個性不是很鮮明，雖躋身宋四家行列，但是成就不如其他三位。

宋四家代表了宋代行書的最高峰，他們不滿於現狀，不爲法度所約束，新意盎然，共同鑄就了宋代書法『尚意』的輝煌。宋四家之後的南宋雖然也有許多行書知名度較高的書家，如吳說、趙構、陸游、范成大、朱熹、張孝祥、張即之等人，他們或規模宋四家，或上溯唐代，雖功夫謹然，但没有形成突破性的進展。

宋代『尚意』書風一方面產生了蘇軾、米芾、黄庭堅等書法大家，另一方面過度強調『意』而輕視『法』。而元代主張回歸魏晋，復興古法。突出代表是趙孟頫。

趙孟頫（一二五四—一三二二），字子昂，號松雪道人，歷任集賢直學士、濟南路總管府事、翰林侍讀學士等職。趙孟頫是藝術全才，詩書畫印無不擅長，書法尤其出色。其行書宗法『二王』，出入晋唐，技法嫻熟，結體流美，柔潤婉約，風華俊麗，留下了《前後赤壁賦》《洛神賦》等行書名迹。趙孟頫力矯宋代尚意書風的流弊，以晋唐爲旨歸，追求韵味，以自己的實際行動來繼承『二王』的風流蘊藉。何良俊《四友齋書論》云：『自右軍以後，唐人得其形似，而不得其神韵；米南宫得其神韵，而不得其形似。兼形似神韵而得之者，惟趙子昂一人而已。』趙孟頫的行書具有王羲之的風神，中和典雅，不激不厲，風規自遠，堪爲元代書法的盟主，影響之大，無人能及。錢良佑、俞和、虞集、王蒙、張雨、朱德潤等人皆是趙孟頫書法的追隨者，他們是元代書法的生力軍。

在元代能與趙孟頫相抗衡的書家著實很少，鄧文原、鮮于樞、康里巎巎在一定程度上能雁行趙孟頫。

鄧文原（一二五八—一三二八），字善之，四川綿陽人，一字匪石，人稱鄧巴西。他的行書摒弃宋人，而直接取法『二王』和李北海，又有趙孟頫的影子，溫醇典雅，柔媚流麗。

鮮于樞（一二四六—一三〇二），字伯幾，一作伯機，號困學民，河南開封人。以善書爲世所重，其行書直追晋人，圓勁灑脱，雄放恣肆，與趙孟頫私交甚好，相互切磋，力求恢復晋唐古法，是元代古典主義書法的先導者和践行者。

康里巎巎（一二九五—一三四五），字子山，號正齋、恕叟，回族人，曾任禮部尚書、奎章閣大學士等職。康里巎巎的行書上追魏晋古法，行筆速度快，灑脱俊逸，與趙孟頫的中和典雅不同，他的書法鋭利俊俏，奇絕姿媚，後人有『南趙北巎』之稱。

元代書法倡導復古，行書以晋唐古法爲最高目標，元代書法復古運動聲勢浩大，宋代書法的險峻洗滌殆盡，取而代之的是中和恬適，『二王』書風在元代獲得了重生，衹可惜元代書法的面目過於單一，不如宋代書法的衆星璀璨。

明代前期的行書主要受宋、元名家影響。宋璲、解縉、徐霖等人繼承多於創新，始終在宋元名家的陰影下，而中期的文徵明、祝允明、唐寅、王寵等人視野開闊，師法範圍上溯到晋唐，行書頗有改觀，王澍《虛舟題跋》説：『蓋非直有元一代皆被子昂籠罩，明時中葉以上猶未能擺脱，文氏父子仍不免在其彀中也。』王澍的論述大抵符合事實。明代中後期的行書獲得了很大的突破，意識形態領域勃興的思想解放運動，强調『本心』『童心』，這些都爲晚明『浪漫主義書風』的形成奠定了思想基礎。董其昌、王鐸、張瑞圖、黃道周、倪元璐、徐渭等人鋭意進取，將明代行書推向了高潮。

文徵明（一四七〇—一五五九），字徵明，號衡山居士，江蘇蘇州人，官至翰林待詔。其書廣泛涉獵諸家，趙孟頫、康里巎巎、蘇軾、黃庭堅、『二王』都學過，晚年專法晋唐。代表作《西苑詩册》，筆法精熟，寬展疏闊，温雅圓和，點畫蒼老，但是大小一致，失之拘謹。何良俊《四友齋書論》謂：『自趙集賢後，集書家之大成者衡山也。』文徵明的行書在明代有着很大的聲望，吳中地區多受其影響，他是吳門書派的領袖。

唐寅（一四七〇—一五二四），字伯虎，號六如居士、桃花庵主等，江蘇蘇州人。其書主要學習趙孟頫和蘇軾，略加己意，饒有韵味。《落花詩》出自其手，形態很像趙孟頫，衹是筆力稍弱。趙孟頫含蓄潤澤，而唐寅則發露婉轉，各有千秋。

祝允明（一四六一—一五二七），字希哲，自號枝山，世稱『祝京兆』，江蘇蘇州人。祝允明的書法師出黃庭堅、米芾、楊凝式等人，早年流麗婉轉，後來變得質樸古雅。他的行書能擺脫趙孟頫的柔媚，另辟蹊徑，實爲難得。王澍《虛舟題跋》說：『自趙吳興以來，二百餘年至此乃始一變。雖以文待詔之秀勁，猶循吳興故轍，未如祝京兆獨挺流俗，校然自名一家也。』

王寵（一四九四—一五三三），字履吉，號雅宜山人，江蘇蘇州人。王寵書法取法乎上，於『二王』用功甚多。代表作《書李白詩》，結體出自《閣帖》，筆法精煉，姿態橫出，以拙取巧，婉麗遒逸。何良俊《四友齋書論》說：『衡山之後，書法當以王雅宜爲第一。』王寵是吳門書派的杰出人物，文徵明以法勝，而王寵以韵勝。

吳德旋《初月樓論書隨筆》云：『萬曆以前書家，如祝希哲、文徵仲之徒，皆是吳興入室弟子。』此説有一定的道理，但是明代中葉的行書不完全是趙孟頫的影子，他們在取法上有所拓展，書風上也能有自己的面目，這是一大進步。明代晚期的行書則在前人的基礎上翻新，新理異態，浪漫主義書風大肆盛行，這一時期的典型書家有徐渭、董其昌、王鐸、張瑞圖、黃道周、倪元璐。他們的書法或奇崛恣肆、或空靈韵秀，或燦爛狂逸，形成了多樣化風格。

徐渭（一五二一—一五九三），字文長，號青藤老人、青藤道士、天池生、天池山人等，浙江紹興人。徐渭的行書主要源自米芾和『二王』，用筆大膽果斷，摻雜側鋒和破鋒，有時垂筆還作虎尾節狀，結體善變，因失勢造型，跌宕奇險，章法上密而散，滿紙雲烟，點畫狼藉，有如亂石鋪街，攝人心魄。袁宏道形容其書法『八

法之散聖，字林之俠客』。徐渭的行書是在傳統上的出新，以意作書，無常形，無定法，變化莫測，不可捉摸。

董其昌（一五五五—一六三六），字玄宰，號思白、香光居士，上海松江人，官至南京禮部尚書。董其昌的書法轉益多師，精研『二王』、顏真卿、楊凝式、米芾等人，取神捨形，融匯諸家，終成自我風貌。他的行書純任天真，任意揮灑，豐采姿神，飄飄欲仙。筆法圓勁秀逸，筆勢連綿，善用淡墨，清新恬淡。章法上頗有新意，字與字、行與行之間，分行布局，疏朗勻稱，空靈韵秀。董其昌集行書之大成，深得晉唐的神韵，渾然天成，出之自然。董其昌對晚明以後的書壇影響巨大，李瑞清《跋王孝禹藏宋拓醴泉銘》云：『國朝書家無不學董。』董其昌是繼趙孟頫之後的又一行書大家，影響力極大。

張瑞圖（一五七○—一六四四），字長公，號二水、果亭山人、芥子居士、白毫庵主等，福建晉江人。官至武英殿大學士、左柱吏部尚書等職。他的行書規模前賢，而又自成一格，大量運用側鋒翻折筆畫，以方峻硬峭取勝，結體拙野狂怪，奇崛縱橫，章法上字距緊密，行距疏朗，氣勢凌厲，大開大合，構成強烈的視覺衝擊力，時人贊爲『奇恣如生龍動蛇，無點塵氣』。張瑞圖的書法一改過往中和的書風，變爲奇逸，以方折代替圓轉，造型險怪，不拘常法，獨樹一幟。

黃道周（一五八五—一六四六），字幼玄，號石齋，福建漳州人，曾任吏部尚書、武英殿大學士。黃道周的行書以『二王』爲宗，兼收并蓄，參以己意，形成了遒勁雄暢，奇肆跌宕的書風。筆法方圓并用，中側兼施，多用轉折。結體欹側扁平，布局緊湊，

壓縮字距，誇張行距，氣勢連綿，造成黑白空間的強烈對比。黃道周的行書與時人拉開了很大的距離，離奇超妙，深得「二王」神髓。

王鐸（一五九二—一六五二），字覺斯，號十樵，又號痴庵、痴仙道人，別署烟潭漁叟，河南孟津人，官至禮部尚書。王鐸的行書得力於鍾繇、王獻之、顏真卿、米芾諸人，尤其傾心於《閣帖》。王鐸大量臨摹古帖，熟練掌握了各家的路數，鍛造了扎實的基本功，博采衆長，將古帖的養分吸收到自己的筆下。王鐸的行書用筆渾厚，綫條厚實，結體欹側，常用漲墨法，形成墨團，極富視覺效果，章法上中軸綫擺動大，相互參差挪讓，融爲一體。王鐸創立了魄力雄強，攔騰跳躍的風格，矯正趙孟頫、董其昌的末流之失，堪爲明季書壇「中興之主」。

倪元璐（一五九三—一六四四），字汝玉，一作玉汝、號鴻寶，浙江上虞人，官至户部尚書和禮部尚書。倪元璐的行書出自於王羲之、顏真卿和蘇軾，用筆鋒棱四露，時參飛白筆法，筋骨內含，墨色枯潤相間，結字奇險多變，章法上行距大於字距，開闊疏朗。他有「三奇」和「三足」之譽，「筆奇、字奇、格奇」「勢足、意足、韵足」。倪元璐、王鐸、黃道周爲同年進士，三人皆善書，馬宗霍說：「黃石齋之偉岸，倪鴻寶之蕭逸，王覺斯之騰擲，明之後勁，終當屬此數公。」

明代行書的高度定格在晚明，個性鮮明，書風或激蕩或娟秀，且出現了很多大尺幅作品，視覺感極強。明代以前的行書大多是小字，而晚明高堂大柱，滋生了大字行書，神完而氣足。或是嘗試將篆隸結字融入行草筆法，注疏尋古。

康有爲《廣藝舟雙楫》云：「國朝書法凡有四變：康、雍之世，專仿香光；乾隆之代，競講子昂；率更貴盛於嘉、道之間；北碑萌芽於咸、同之際。」康有爲論述了清代書法發展的特點，基本上與事實相符。就行書而言，清初的書法繼承了明末浪漫主義書風，傅山崇尚奇古，其書燦爛恣肆，奇崛恣肆，極大地抒發了內心的情感。朱耷以篆書筆法入行書，造型奇特，稚拙古雅。康熙、雍正時期流行董其昌的書法，查士標、張照等人是主流，書風偏向柔媚。乾隆、嘉慶時期趙孟頫深受歡迎，劉墉、王文治等人的行書別具一格，新意迭出。道光、咸豐、光緒、宣統時期碑學融入行書中，何紹基、趙之謙、康有爲等人引碑入帖，力創出厚重而不失流暢的行書新面目。

傅山（一六〇七—一六八四）字青主，別名真山、濁翁、石人等，山西太原人。傅山的書法取法董其昌、趙孟頫、顏真卿和「二王」諸家，在創作理念上提倡「四寧四毋」。他說：「寧拙毋巧，寧醜毋媚，寧支離毋輕滑，寧真率毋安排。」在書寫實踐中，傅山也是貫徹此理念的，他的行書用筆喜歡連綿纏繞，綫條圓熟，結體險絕，愛用生僻字，章法上字組關係明顯，疏密合宜。傅山的書法任其自然，不雕琢做作，以拙取勝，拙中藏巧。

朱耷（一六二六—約一七〇五），字雪个，號八大山人，江西南昌人。朱耷的書法受董其昌和「二王」的影響較大，但能入古出新。他的行書圓融通透，不食人間烟火，以篆書筆意入行書，造型奇特，空間對比強烈，大疏大密，左右上下之間常常錯位，字形稚拙，古意盎然。

張照（一六九一—一七四五），字得天，號涇南，江蘇婁縣人。

張照書法初從董其昌入手，後出入顏真卿和米芾，卓然成家。他的行書含蘊蒼秀，天骨開張，氣魄渾厚。乾隆稱其『復有董之整，而無董之弱』。

劉墉（一七一九—一八〇四），字崇如，號石庵，山東諸城人，官至體仁閣大學士。劉墉的書法築基於趙孟頫，旁及董其昌和蘇軾，不受古人牢籠，超然獨出。他的行書肉多骨少，點畫渾厚，字形略扁，勁氣內斂，喜用濃墨，時稱『濃墨宰相』，康有爲稱其爲『集帖學之大成』。

王文治（一七三〇—一八〇二）字禹卿，號夢樓，江蘇丹徒人。王文治的書法近取董其昌，遠師『二王』，效法《蘭亭叙》和《聖教序》。他的行書得『二王』平淡之趣，秀韵天成，以豐姿勝，但過於姿媚，喜用淡墨，號稱『淡墨探花』。

何紹基（一七九九—一八七三），字子貞，號東洲、蝯叟，湖南道縣人。何紹基的書法多着力於顏真卿，又借鑒歐陽詢和『二王』。他的行書頗具特色，執筆用回腕法，參以篆隸筆意，多用逆筆，時有顫筆，豐腴圓渾，結體寬博，駿發雄強，縱橫欹斜，出乎繩墨之外。

趙之謙（一八二九—一八八四）字撝叔、號冷君、悲庵、梅庵等，浙江紹興人。趙之謙的書法雖以魏碑著稱，但是其行書也氣度不凡，師法顏真卿，後以魏碑入行書，用筆沉雄厚實，豐滿圓潤，字形方扁，充滿了金石氣。趙之謙將魏碑和行書相結合，獨創出碑體行書，頗具創見。

康有爲（一八五八—一九二七），字廣廈，號長素，廣東南海人，康有爲在書學上尊碑抑帖，大肆鼓吹碑學，崇尚陽剛雄渾之美。他的行書師法米芾、顏真卿和『二王』，以碑學的筆法入行書，點畫厚實飽滿，魄力雄強，氣勢開張，開行書的新境界。

清代的行書發展多元化，既有在傳統帖學上的出新，傅山、朱耷、劉墉、王文治是代表；又有融碑入帖，以碑學的厚重來糾正帖學的柔媚，實開行書新路徑，何紹基、趙之謙、康有爲是代表。

總之，清代的行書復雜多樣，書風多元，成就斐然。

晋代尚韵，唐代尚法，宋代尚意，明代尚態，清代尚樸，當代應該尚融。

整個行書的起源與發展是與實用、美觀、寄情緊密相聯的。

古人的書信、筆記、記事、交流，幾乎均是用行書。而名留青史的名碑名帖，尤其是墨迹，大都是行書。那些『風流倜儻』『江左風華』『玉樹臨風』『不激不厲』等形容古代文人『字如其人』的詞句，總是和行書連在一起。行書是中國書法史上延續最長的書體，至今仍是我們生活中接觸、使用最多的書體，當然，也是學習書法最直接、最便利的途徑。

晋　王羲之　行书丛帖（宝晋斋法帖本）

寶晉齋帖

晉右將軍王羲之書

晉右將軍王羲之書

謝范新婦得富春還　諸道路安隱甚慰懸心

比日凉即至平安也上下集
聚欣慶也華等佳不
自新婦母子去寂漠難
言思子輩不可言 十一
月十七日羲之頓首頓首

舊京

先墓毀動奉諱號慟

五內若割痛當奈何奈

何王羲之頓首頓首　期小女四歲暴疾不救哀

憨痛心奈何奈何吾衰老情
之所寄唯在此等奄失
此女痛之纏心不能已已可
復如何臨紙情酸 羲之頓首二孫女不育傷

晉 王羲之 行書叢帖（寶晉齋法帖本）

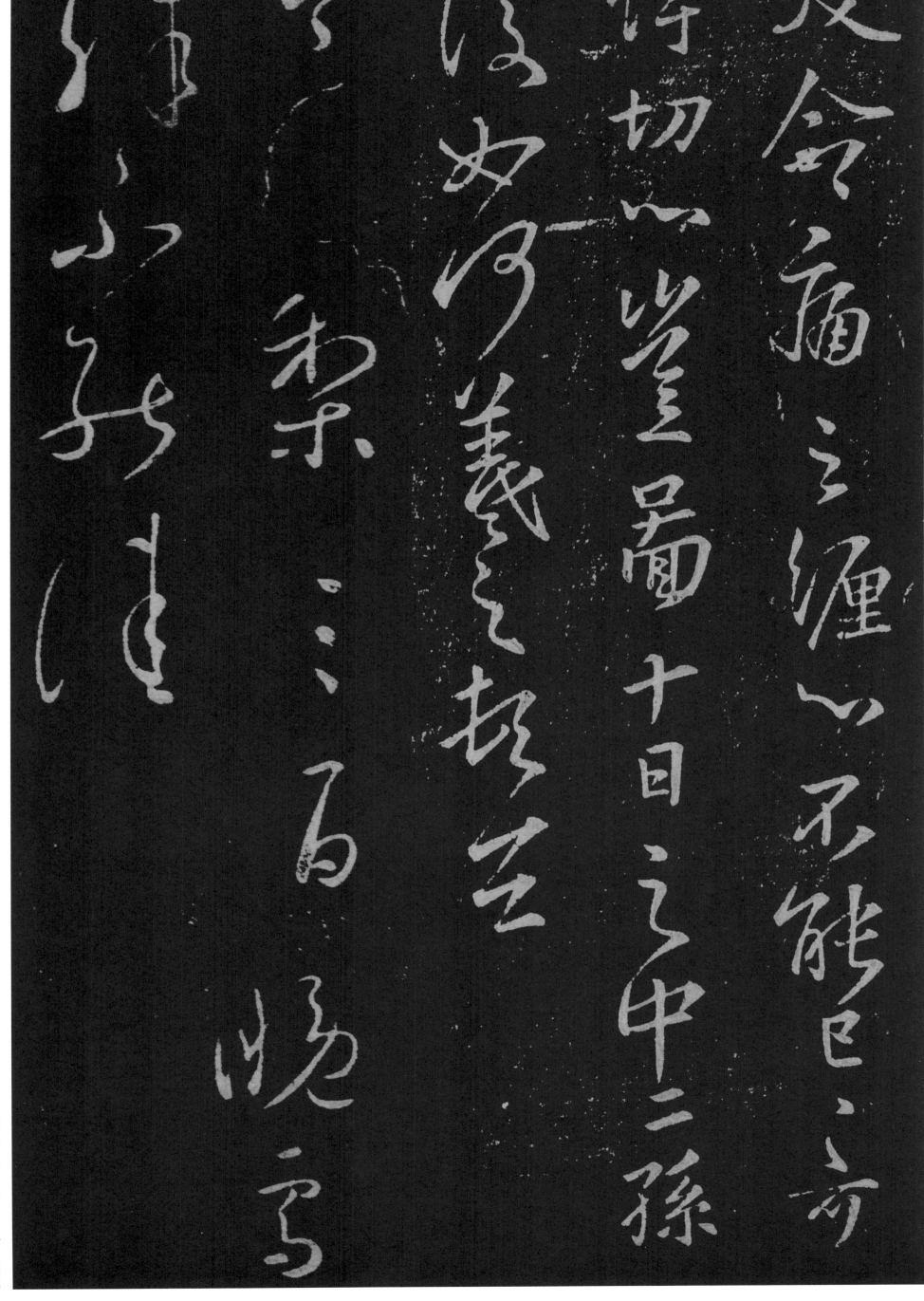

夭命痛之纏心不能已已哀　悼切心豈啻十日之中二孫　歿如何羲之頓首　今□梨三百晚雪　殊不能佳

就之傷悒汝不可言

二日汝婦母一咋夜亡　　僧權

書後盡信耳

經邮體力不復堪之故

頃日親親經過諸婚姻

項日親親經過諸婚姻　經邮體力不復堪之故　未復遣信耳　二月
二日汝婦母一昨夜亡　親親傷悒汝不可言　崇堪亮

晋　王羲之　行书丛帖（宝晋斋法帖本）

事长毕举宅隔绝当　复奈何穆桓不可忍见但有　塞鲠　九月三日羲之报敬伦遮诸

事长毕举宅隔

後奈何穆桓不可忍見但有

塞鯁

九月三日羲之報敬倫遮諸

僧權　案

案懷充

人去晦祥禫情以酸割念卿傷切諸人豈可堪處奈何奈何及書不具羲之報四月五日羲之報建安靈柩至慈蔭幽

人去晦祥禫情以酸割念　卿傷切諸人豈可堪處奈　何奈何及書不具羲之報　四月五日羲之報　建安靈柩至慈蔭幽

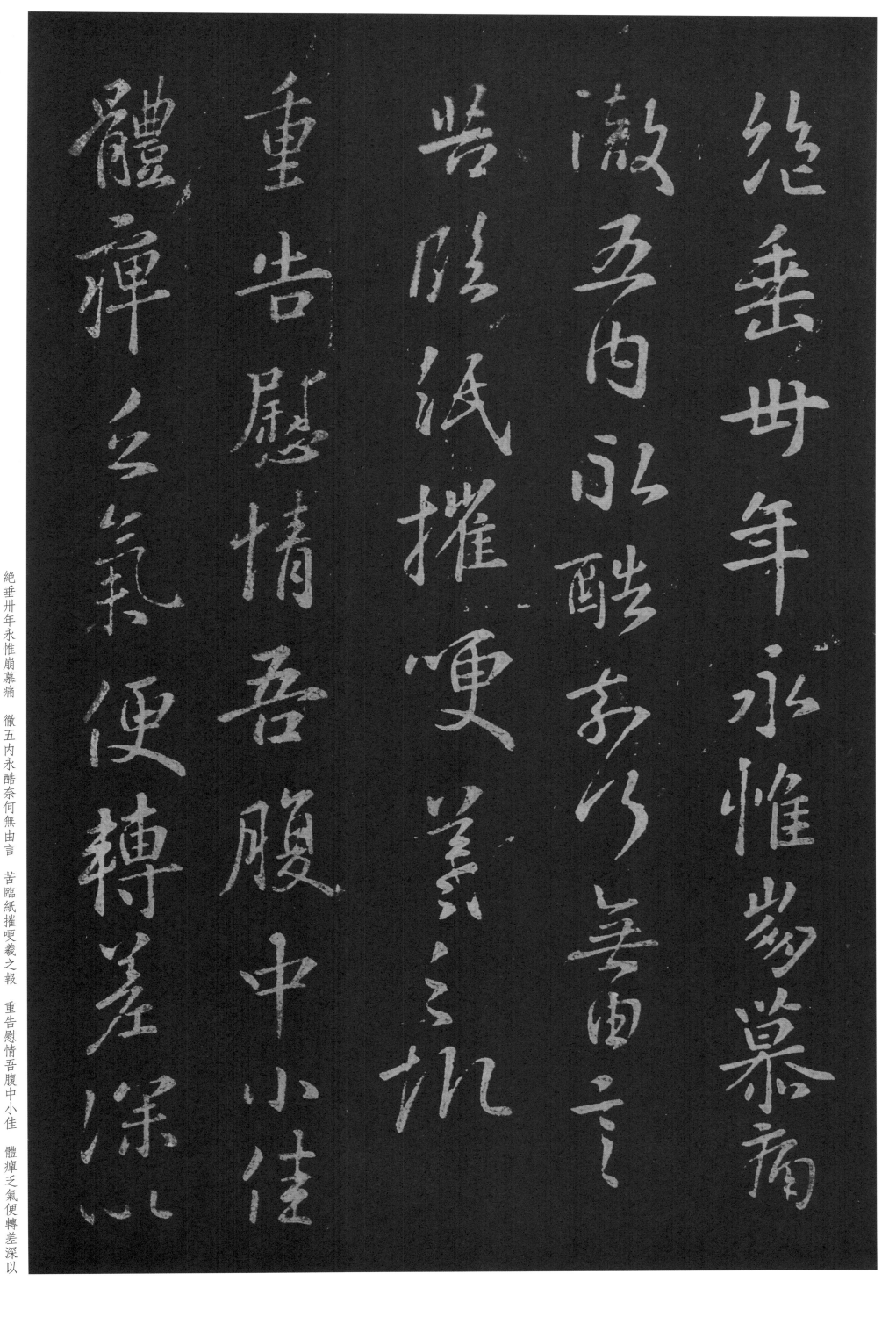

晉　王羲之　行書叢帖（寶晉齋法帖本）

絕垂卅年永惟崩慕痛　徹五內永酷奈何無由言　苦臨紙摧哽羲之報　重告慰情吾腹中小佳　體瘇之氣便轉差深以

為慰慰足下意也王羲之　頓首　尔今以善和尊今當出　卿女母子粗平安喪際　賢女動氣疾當時乃勿勿

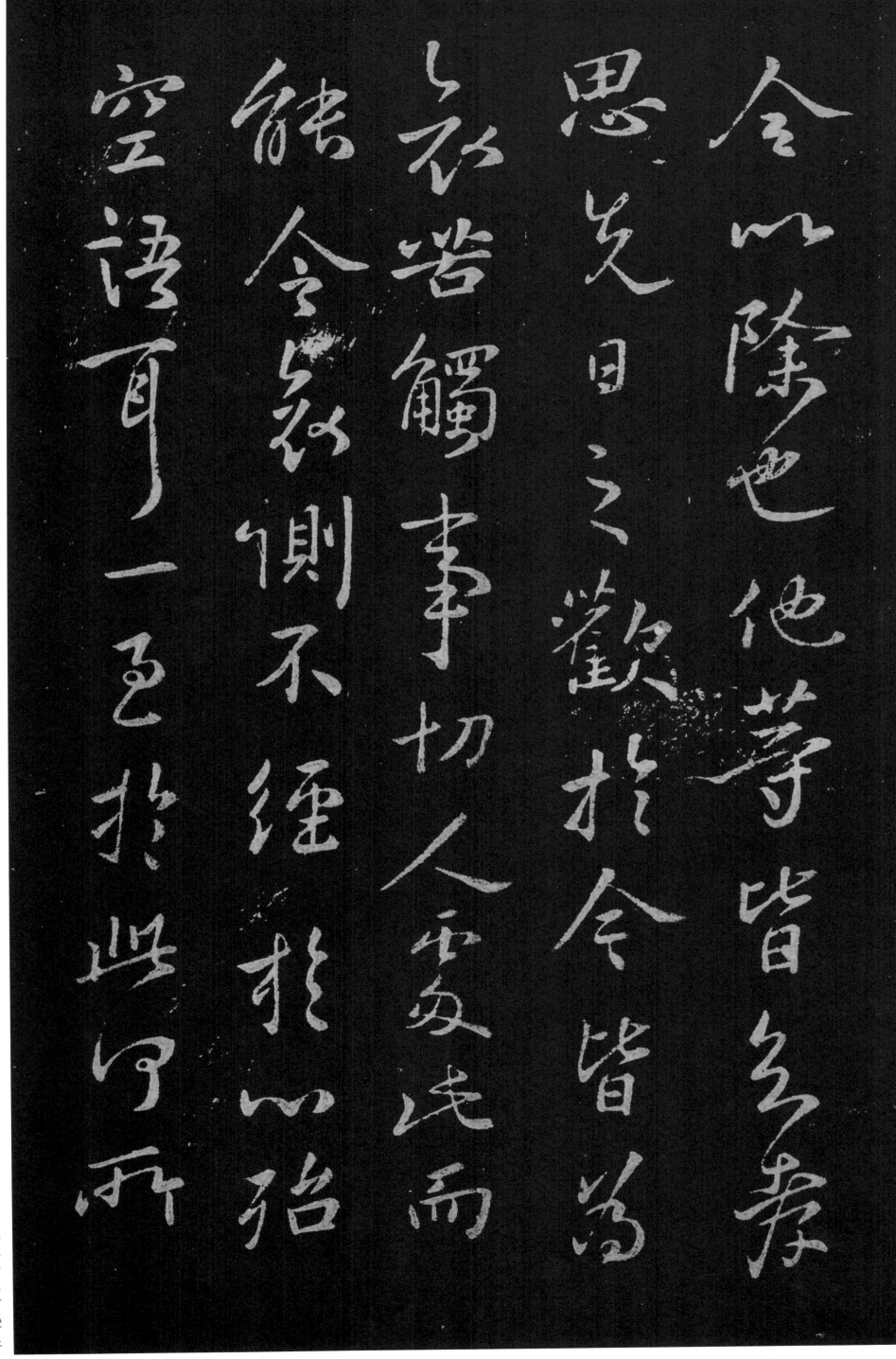

復言　想至向來快雨想君佳乃　得此雨必佳深為君歡喜　□既乏劣又頭痛甚無　疾力不圓王羲之頓首

晋　王羲之　行書叢帖（寶晉齋法帖本）

諸賢子粗足自枝注不
吾弱息毀弊大兒恒救
命足令人心燋先日之懼於
今皆為哀苦自非復衰年
所堪豈復以既往累心率

事自難為懷如之何 六月十一日羲之報道護不救 疾惻怛傷懷念弟聞問悲 傷不可勝奈何奈何曹妹累 喪兒女不可為心如何得廿

晉　王羲之　行書叢帖（寶晉齋法帖本）

三日書為慰及還不次義

之報

州民王義之死罪賢□

逝沒甚痛奈何白牋不備

太尉門左不可言同此酸慨

三日書為慰及還不次義　之報　州民王義之死罪賢□　逝沒甚痛奈何白牋不備　太尉門左不可言同此酸慨

王羲之頓首

官奴小女玉潤

病來十餘日了

不令民知昨

來忽發疼痼至今

徐僧權

唐懷充

沈熾文

轉篤又苦頭癰以潰尚不

足憂瘤病少有差者憂之燋　心良不可言頃者艱疾未之

有良由民為家長不能剋己　懃脩訓化上下多犯科誡以

至於此民唯歸誠待罪而已此非　復常言常辭想官奴辭

轉篤又苦頭癰以潰尚

足憂瘤病少有差者憂之燋

心良不可言頃者艱疾未之

有良由民為家長不能剋

懃脩訓化上下多犯科試

至於此民唯歸誠待罪而此非

復常言常辭想官奴辭

以具不復多白上負道德下愧先生夫復何言挫破羌賊[注]重創想必禽之王略始及舊都使人

宇卷　行書

以具不復多白上負道德下　愧先生夫復何言　知虞帥書桓公以至洛即　挫破羌賊重創想必　禽之王略始及舊都使人

三二

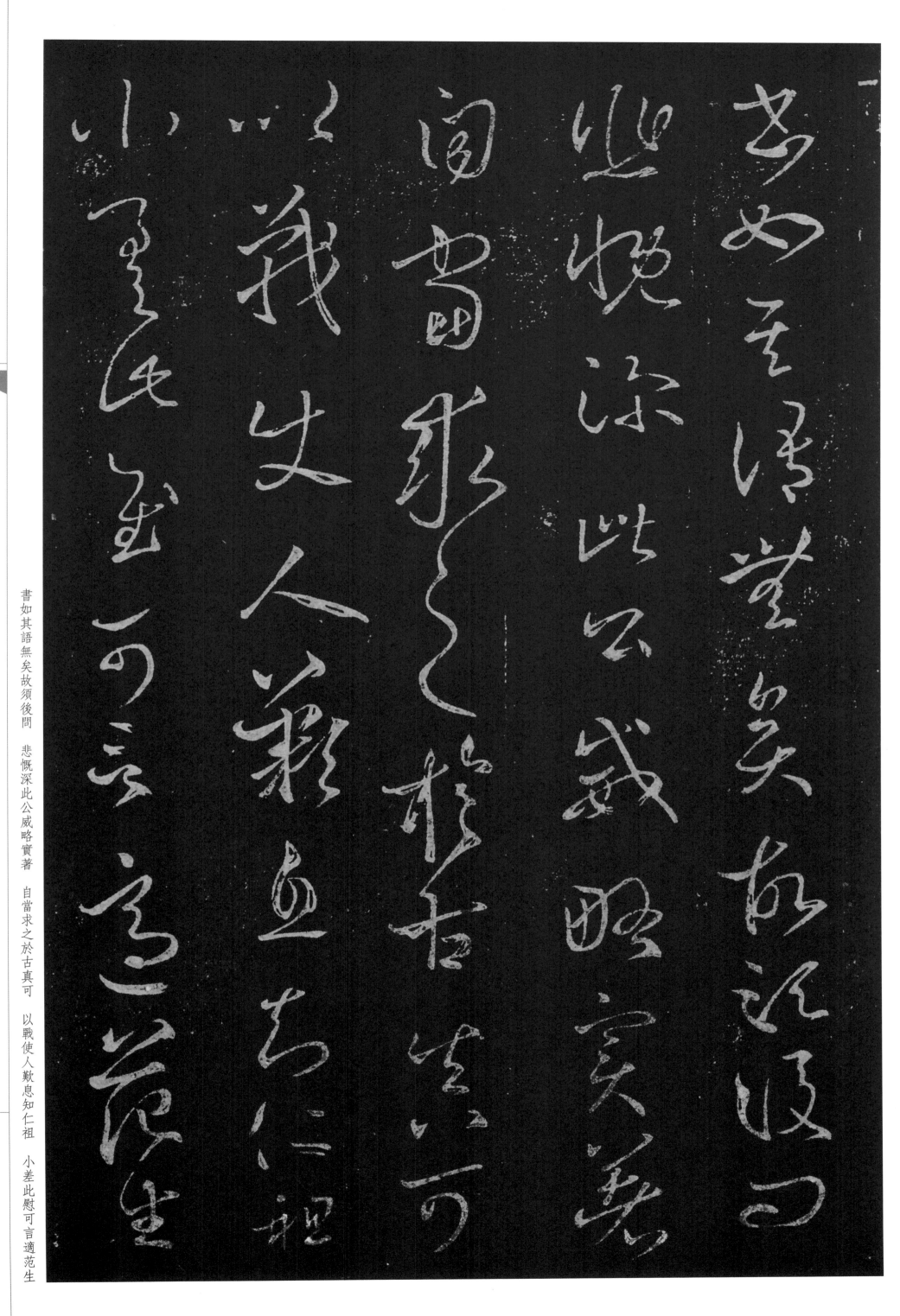

晋　王羲之　行书丛帖（宝晋斋法帖本）

書如其語無矣故須後問　悲慨深此公威略實著　自當求之於古真可　以戰使人歎息知仁祖　小差此慰可言適范生

晋 王羲之 行书丛帖（宝晋斋法帖本）

二月廿日羲之白不可
言得六日告為慰寒想各
安善司馬與無還問耿
耿 僕可耳力不具王羲之白

大佳憂卿可耳想同　數得問官奴婦產復　委篤憂之深餘粗　可耳知足下念差免

舊志道意甚懃至

不知為盡心朝夕而已

有所希耳一自任之

耳當以君書示

服食而在人間此速弊　分明且轉衰老政可　知乃欲與彦仁集界　上甚佳諸如此事皆所欣也

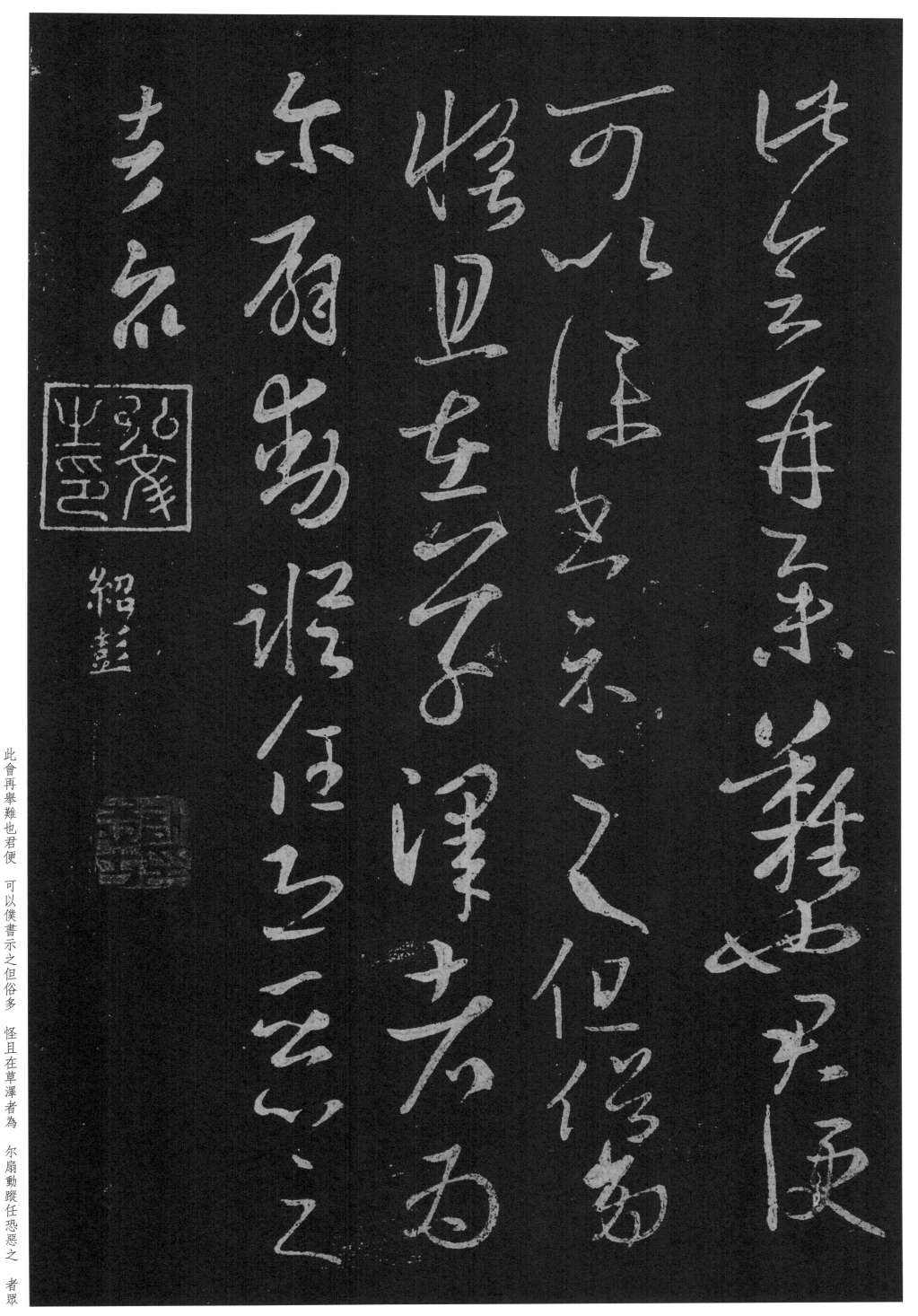

此會再舉難也君便　可以僕書示之但俗多　怪且在草澤者為　尔扇動蹤任恐惡之　者眾

行書技法

掌竪

指實

掌虛　　腕平

《聖教序》的臨習

□ 孫曉雲

《大唐三藏聖教序》，由唐太宗李世民撰序製文、唐高宗李治作記，弘福寺沙門懷仁奉敕集晉右將軍王羲之書迹而成。

王羲之書法真迹在當時已流傳極爲稀少，且真贗相雜。此《聖教序》二千四百餘字，字字皆有來歷，組合巧妙，刻工精美，爲王字勒碑之精品，亦爲臨習王字之難得的資料佳品。

魏晉至今，歷代書家皆以王字爲宗，發展各自面目。而學習王字，皆必習此《聖教序》。先賢浸淫多年，花費無數心血、功夫，孜孜不倦、磨礪、流連其間，留下了艱苦足迹。

一　《聖教序》其主要特點

（一）正、行、草字組合自然

文獻所見王字其餘碑帖中，多爲純正的草書、行書或楷書。此《聖教序》最明顯的特點便是從頭至尾二千四百多字，正、行、草字皆有，間雜其中，搭配自然，組合得『天衣無縫、勝於自運』。

可見當年懷仁在書法造詣上必定是精達通曉，深得王字之精髓要領，難怪被後人稱爲『异才』。而且，碑中即使多次出現同一個字，也要使用多種不同寫法，變化多端，縱橫莫測。

集古人書刻碑此前并無先例，《聖教序》或爲首創。後來繼之出現了許多集古人書刻碑，但正、行、草相隔并存的形式并不多見。

這種組合爲後人開拓了一條新路，出現了一種獨特的審美形式，至今仍意味無窮。

（二）摹刻準確、真實

此集王字，與其言碑，不如言帖。全碑二千多字，均嚴格按照毛筆、墨迹的走向而摹刻。刻工往往因爲相承世襲的技法而加入許多主觀意念，摹刻時有意無意地改變了原字的造型與用筆，尤其容易忽視微妙之處。而王字不同於他字的最大特點，正是那些『在行筆過程中的微妙變化、稍一疏忽，便失其妙。因此，刻工須精密嚴謹，力求與墨迹一致。能爲大唐刻《聖教序》者以來，定是當時第一流的高手。自唐太宗是王羲之的忠實崇拜者，以朝廷名義下令集王字爲《聖教》勒刻碑石，哪裏能容摹刻有絲毫走樣？況且懷仁集字鈎摹尤爲細致，如實周到，不減王字絲毫風采。此碑雖年代久遠，但從《聖教》最初精拓可知，此碑字畫清晰，細部明了，結構排列精彩絕倫。其把王字鎸刻，反映得如此準確、真實、完美而雋秀，是碑刻中早期古典主義的經典代表之一。

（三）以單獨的字爲審美範疇

就章法而言，《聖教序》是較特殊的一種。由於是集字，不但字距較大，而且打亂了原本字的上下關係，所以它不同於一般碑帖的是：以一個單獨的字爲審美範疇。因爲是出自於王羲之一人的筆迹，盡管打亂了重新置排，此碑仍有自然的王字規律，因此看上去始終是統一的。《聖教序》甚至可以隨意剪接，看起來仍然保持其固有的面貌，關鍵在於其中每一個字都有強烈的代表性，這可以區別於其他任何一本碑帖。同時，這也是集字成文、集書成帖的特點。

二 臨習

臨摹，是一個艱辛的過程，更是一個不可缺少的過程。這好比鋼琴中的練習曲、油畫中的素描。臨習是爲創作打基礎的，同時臨習本身也是一門藝術，是一項高超的技能。書法的學習入門首先必從臨摹開始，臨摹好比是一塊敲門磚。臨習到什麼水平，相對地個人的書法創作便到什麼水平。尤其是學習王字，對《聖教序》這種筆法森嚴、結構完美、變化無常、刻工精良的碑帖，臨習時必須心平氣和、細致周到。無論從氣勢、章法，還是從用筆、結體，都須注意觀察，細細體悟。

臨摹一般分實臨與意臨二種，也就是寫實性臨習與創造性臨習。

（一）實臨

實臨，結合此碑而言，必須注意以下幾點：

第一，《聖教序》是集王字而成，故而字迹大小完全是按墨迹的原尺寸而來，多爲一寸之內，也就是當時晉代指的「八分」書（編者案：此指字的尺寸而言）。係用指，稍加掌功而得。初學者不容易將字寫到原大，初臨時可以先放寬尺寸，再逐漸恢復原大。但不宜寫得過大，因爲要牽涉到用腕、用肘及用臂，過大便不得本碑要領。

第二，古人云：「工欲善其事，必先利其器。」書寫工具的選擇尤爲重要。我們可以從古代書論中反復體察到「紙筆精良」的諺言。而今人往往不以爲然，用極不相配的工具，花大量時間，欲得其效果，結果祇能事倍功半，甚至事倍功無。久而久之，他們便喪失了臨習的興趣，或自然地放弃，草率、急迫地進入「創作」，隨意發揮。因此，如何選擇紙、筆等工具，是首先要考慮的。

就《聖教序》而言，那個時代是王字的鼎盛時期，工具極其考究。如果要實臨得相像，工具也應當選用相同，或是比較相似的。魏晉之時，貴族、宮廷中大部分已使用絹、綾，或是質地柔綿、細膩的紙。生宣誕生在明末，《聖教序》時代是沒有生宣的，因此如今實臨也要避免用這種滲水量過大的生宣。我們如今在實臨中當然不可能常用價格昂貴的絹、綾之類（如今的絹與古代絹又有不同），可以選擇一些質地細膩、綿柔的紙，吸水量要小些的，譬如元素紙、報紙、仿古宣、熟宣、包裝紙及一些書籍用紙。

筆的選擇尤爲重要。首先要選擇新或較新的筆。古書論中常言「池水盡墨，頹筆成堆」。一是指古人的用功程度，二也是指古人用筆之講究，稍一頹毛、禿了、舊了，便弃之，不像今人一枝筆會用五年、十年，也不更換。

王字遒勁堅挺且婀娜多姿，清利颯爽且志氣平和。雖羊毫、狼毫均可，但羊毫不宜過長過軟，狼毫不宜過粗過硬，最好是中、小白雲加健。筆鋒一般在一寸之內。不宜長放於水中浸泡，過於胖大則使用不便。用後需清水爽乾。使用起來不順手，不見效的筆不

要勉強爲之，多試幾種爲好。總之，筆是宜小不宜大，鋒是宜短不

宜長，筆杆是宜細不宜粗，毫是宜尖不宜禿。能够選擇一枝合適的

筆，等於有了一個良好的開端。

再則是墨。古人研墨，故深淺、濃淡自如。今人研墨者已甚少，

大多是墨汁加水。水加得多少，是一門學問，過少則粘厚枯滯，拖

不動筆，過多則肥爛稀薄，字無筋骨。因此首先得調好墨的濃淡度。

筆蘸上去要由尖至根，不要一下蘸得過多過飽。王字多在筆尖上做

文章，墨的爛、枯皆不行，故臨習者需重視這個問題。

第三，由於《聖教序》不同於其他碑帖，其中二千多字是由

楷、行、草間隔組成，臨習時須全面地掌握楷、行、草三種字體的

寫法與規律，然後巧妙地搭配組合在一起。因此臨習者同時要學習

三種字體，相對來説，難度要大些，學習的面也相對廣些。初學者

最好先具備楷書功底，或先臨習些與王字相近的楷書，再涉及《聖

教序》。或先將此碑中的楷字練熟，再沿及碑中的行、草字。没有

一點書法基礎常識，即臨《聖教序》，不易見成效，更不易到位。

第四，《聖教序》從章法上看，似無規律可言。字的大小排列

隨意自由，間隔也緊寬不等，似不可預測。一個極工整的楷字下面

可以接上一個狂草字，粗厚與纖細的用筆可以同時出現在上下二字

間距的不等也是一大特徵。因爲拓本是把碑上的字一條條拓好再連

接成文的，因此，《聖教序》可以隨意拼接成任何一開本，仍不失

其面目。這種無規律正是《聖教序》的規律。在臨習時，必須首先

準確地把握其中無規律的規律，首先把每一個單獨的字寫好、寫標

準，然後再尋出各種偏旁部首的規律，各種不同結構字的造型規律，以及

它們的各種變化。

王字素有『魔術師』的魅力，千變萬化，出其不意，不是很

快就能把握、認識的。再加之《聖教序》較長，達二千四百多字，

四五十版面，臨習者得耐下心來逐字逐句地做功夫。好在此碑中亦

有多處重復造型的字，比如『福』『教』『生』『賢』等，會寫一處，

遇他處便少臨一字。待每個字部都能寫得標準、寫到位時，一頁的

字便會暢通一氣，自然成章法。

實臨（寫實性臨寫）易出現的問題：

第一，結構不準。這是寫實性臨寫過的第一關。所謂王字、

米字、顏字的區別，不外乎是字的結構與用筆二者的不同。其中結

構是關鍵。過這一關需要極大的細心與耐心。必須仔細研究每個字

的布局空間，筆畫的位置、長短、高低、斜度與角度，以及偏旁部

首的搭配、大小、錯讓，都是很有講究的。寫一遍不準，可以重復

多遍。在這個過程中，視覺的記憶、判斷以及糾正起了决定性的作

用，因此，大凡善於用眼的人，也善於做到結構準確。

結構問題，可以用硬筆幫助解决。平日注意結構的記憶，留意

觀察，隨時可用硬筆臨寫、背寫結構，多在結構的微妙處下功夫『功

夫不負有心人』。

第二，用筆遲滯。造成這個現象的主要原因是眼睛一邊看帖

手一邊寫，既要注意臨寫結構，又要注意筆畫輕重安排，寫寫停停，

在運筆時便滯澀、彎曲，不乾脆果斷，顧此失彼。初臨習者易如此。

這完全屬正常現象。值得提醒的是，王字的用筆是極其流暢、韌挺

的，不允許出現抖滯、枯澀的筆畫，所以臨習者在實臨中應該嚴格

尊重原碑的本來面目。

解决用筆遲滯問題的方法是多臨、多寫，熟能生巧。可以邊看

邊寫第一遍，記住字的結構用筆之後，再默寫第二遍，一氣呵成，便不會遲滯。如果不行可以多來一遍，直到記住為止。當能熟背字的結構和用筆時，抖滯、猶豫的問題就會隨之解決。如果臨習一段時間仍有抖滯現象，這表明臨習者對毛筆還不熟悉，駕馭能力尚存在問題，還需要再進行一些用筆的基本功訓練。

當然，我們強調的是結構準確基礎上的流暢，如果一味地追求流暢、果斷，而失其結構，就成了真正的本末倒置。

第三，虛實不分。這裏指的實是字本身應該有的筆畫，而虛則是那些相連的引帶筆畫。在楷書中，虛的筆畫幾乎沒有，而行書則虛實相間。臨習者往往對虛實的分寸把握不當，實筆會過細、過飄，而虛筆則粗重結實。如果牽涉到草字，虛實還要復雜得多。按照草書的寫法與用筆規律，虛實也應是十分明晰的。因此臨習者首先要弄清楚何虛何實，何重何輕，不能依葫蘆畫瓢。

虛實還牽涉用筆問題。此集字中，有的字的筆畫是重力在頭，有的是先輕後重，有的是在轉折處發力。比如『夢』字是整個筆的三分之二的毫鋒着紙，有的『趣』『有』字都是筆尖一點點着紙，細如游絲。在此中雖沒有特別明顯的虛實，但臨習者先了解該字的寫法與用筆規律之後，便可以自如地依照碑而處理手下的虛實問題。

第四，作抄書對待。這是日常最常見到的一種臨習毛病。有的人每次臨帖都是從頭到尾地抄一遍，對無論臨得好或不好的地方都視而不見，一遍走過。

臨習的目的，首先是要解決每個字的造型及用筆問題，寫起來不是一遍便可以準確完美的，不能每次臨寫都似乎是為了湊一張完整的臨作似的。真要做功夫，是做給自己看的，要獨個臨寫，揀重點，必須對自己負責才是。應該先臨一字，及時總結優缺點，再糾正寫一遍，如果不行可再寫一遍。但至多不可超過三四遍。有的臨習者會把一個字寫十遍以上，以數量湊質量，往往最後幾個字還沒有前兩個寫得好。當然，如果一兩遍就能準確把握便可放過去，隔日再重新復習一遍，留下較深刻的記憶。完全可以過關的字先寫一遍，不過關的重點臨寫，最後再整篇臨寫。如果作抄書對待，勢必效果甚微，且失去了其真正的目的。

另外，執筆不當，工具不當，都會造成實臨中的問題。總之，能夠掌握一種正確的實臨方法，是書法學習的前提，也是必修課。

（二）意臨

意臨，也可稱創造性臨寫。首先，我們得搞清楚意臨的概念。

一般意臨有三種含義：

第一種是建立在實臨的基礎上。多次的實臨令臨習者對碑帖的結構安排以及特點了如指掌。滾瓜爛熟後，脫開帖而自己去寫，這實際上是背臨，其中的創造性體現在臨習者有較多的自由度以及一些個性發揮的餘地，不拘泥於每個字的每個具體部分。這種意臨是在不失本帖原來面目的基礎上，給予臨習者少量的創作空間。這往往是對初學書法者、初臨習者而言的。將實臨與這種意臨交替進行，隨時可檢驗自己對此碑的把握程度如何。雖然這種意臨看上去比較保守，却是非常見功夫的，實臨不過關的人，這種意臨就絕對做不到。

第二種是長期對王字有所留意，王字的筆法、結構、章法已爛熟於心，呼之欲出，以自己對王字的理解體會，主觀地去臨寫。這

時的臨習已不僅僅拘泥於本帖，而可以隨意融入王字其餘書迹的風

格，得以融會貫通，自由發揮。這種意臨不是初學、初臨者所急於

能爲的，因爲這要求有扎實的王字基本功，或有書法方面較長久的

臨習經驗的積累。

第三種是一些學者、專家及書法家，自身已經有良好的書法修

養與體驗，特別是受過除王字以外的其他碑帖的良好影響者，其個

性突出且鮮明，書風老練亦成熟，早就自成一格。在這種情況下，

他們來意臨，往往是以王字以外的定了型的書風主觀地意臨，雖然

距王字風格較遠，却具有自身的獨到之處，又注意在意臨中或多或

少地加入王字的某些東西，這可謂是真正創造性的『意臨』。

在意臨中易出現的主要問題：

一些初學、初臨者往往以『意臨』爲一條逃避實臨的捷徑。他

們不肯下苦功，因爲臨不好、臨不像，又不想放弃，也不想改觀，

於是便用『意臨』來搪塞解釋，或用『意臨』來拔高和標榜自己。

他們通常羨慕和模仿專家書家的意臨，以爲有個性、有派頭，反過

來認爲那些實臨且卓有成效者爲『沒有創造性』，視那些老老實實

做功夫者爲『無個性』。其實，這種『淺嘗輒止』的『意臨』與專

家的意臨有着絕然不同的質的區別。如果沒有扎實的書法基本功作

後盾，要想直接省事進入後一種意臨狀態，祇能是自欺欺人，荒唐

可笑。俗話説：『水到渠成。』任何事有它本身的規律，急不得。

一分耕耘，一分收獲。

此外，還有一些臨習者面對碑帖時，可以發揮得不錯，一旦離

開碑帖，就靈感全無。問題一是出在臨寫時沒有注意記憶，對整個

碑帖的特徵、精神未及時總結歸納，自然把握不住。二是因爲太不

留心，凡卧案臨書時方爲臨，而平素日常生活中却不有心注意、反

省與書法有關的事物，即所謂字外功夫，便會出現上述狀況。

毋庸置疑，即使是意臨，目的也是爲了創作。最佳臨寫效果應

該是：臨寫時的感受在默寫時能呼之欲出，而在創作時更能隨時拈

來便是。

無　无
㞢㞠

年
八仁仁仁年

子
了子

（4）（子）此橫如同一彎撐，末尾多有引帶，爲草法。
（5）（年）末一橫兩頭稍抬起，爲連下筆用，深鋒平勒，筆鋒仰起仰收。
（6）（無）在此字中，最後一橫實爲四點，草法，用筆有力而刹。

一
一

三
一二三

前
䒑芦前前

（1）（一）此爲常見的長橫，起筆頓筆分明。稍向右上方傾斜，"八法"謂之"鱗勒"，筆鋒仰收。
（3）（三）前二橫均爲短橫，"淺鋒平勒"，飽滿有力。一般多橫并列，一橫爲長，其餘爲短。
（3）（前）"月"字之中的兩橫作兩點用，短促且連續不斷。

耳
丁耳耳

印
匚印印

川
丿川川

（1）（川）此豎順筆而下，筆鋒收尖處在右下方，前兩豎有"垂露"意。
（2）（印）此豎用筆均勻有力，下方有勾，作連筆用。
（3）（耳）末一筆豎由重漸輕向下，作側懸針狀，往往用于字的最後一筆。

与
一与

大
一丆大

方
丶亠方方

（1）（與）末筆之點在帖中作橫用，收筆果斷肯定，無引帶。
（2）（大）此點作捺用，前後都有引帶，多在行草書時用，行筆快速。
（3）（方）一般行草書用。在快速之中掠過，點與引帶合而爲一。

丿

（1）（人）此撇爲較典型寫法。向左作45°傾斜，重心在頭，末尾漸細。古法謂之"掠"，"左出而利"。

（2）（皇）短撇。介于點與撇之間。古法謂之"啄"。須"臥筆疾罨"。

（3）（乃）作斜竪狀。重心在下方，然後向斜上方引帶。

（4）（早）末筆較隨意，呈蚯蚓狀。

（5）（而）此字中兩小竪作點，短小而急速。

（6）（卉）末竪呈短撇狀，多用于行草書。

乀

（1）（之）此捺爲標準形，稍平坦些，頓延有力。古法謂之"磔"，"戰行右出"。

（2）（文）用筆由細漸粗，行至最粗時突然住筆，不再捺到細處，"欲放更留"，末尾呈齊口。

（3）（及）此捺呈大點狀，與前一筆撇相連，末尾打住，爲草勢。

（4）（太）此撇起筆先作岣鋒，用力至斜下方，再輕筆漸去。骨結分明。

（5）（有）此撇與横相連，起筆如"快馬入陣"，圓滑而流暢。

（6）（夏）此字首撇用偏鋒，逆勢左推，至末尾刹住，切平。

是	峯峰	奉
口丩走	少峯筆	三夫表奉

（7）（奉）在即將捺出去漸細時突然向左方勾轉，多用于連筆。
（8）（峰）與（2）相似，多加了引帶。平捺至最粗時向四面倒鋒，捺端呈齊口，多用于連筆。
（9）（是）此捺長而均勻，提按不明顯，多爲連上筆用。

定	之	交
丶宀定	丶亠之	亠亠交

（4）（交）與標準捺正相反，尖口向下出鋒，圓肚向上。
（5）（之）可作一橫勒狀，用偏鋒。
（6）（定）用力均勻，無提按。較爲自由，多爲草法。

寧宁	珠	永
宀宓宓寧	王玨珠	乛乛永

（4）（永）這裏的"亅"呈半圓狀，流暢而無駐頓，用于草書。
（5）（珠）由上而下的貫通，向內絀緊呈典型的弓型，即"弩"型。
（6）（寧）在此的"亅"呈捺筆，角度頗大，起筆與勾處都無提按間頓。

亅	行	水	則
	彳行行	乚小水	冂目貝則則

（1）（則）竪古法爲"弩"，意爲弓型，不宜太直。勾爲"趯"，即挑的意思。
（2）（水）起筆輕，由細漸粗、漸重，挑的角度較大，此多由上字而引帶所致。
（3）（行）縮去勾，呈竪形。

月　力　物

月	力	物
丿月月	フカ	牛牜物物

ㄱ

（1）（物）此"ㄱ"爲"八法"中"勒一弩一趯"匯一筆。此處較扁些，交待分明。
（2）（力）起筆用力，勾時未頓筆，順筆帶過，較隨意。
（3）（月）此字此處偏長，處理成向內弩緊的形狀，欲勾時向外拓展。

利　奇　淨

利	奇	淨
㇐禾利	一立キ奇	冫治淨

（7）（淨）稍微向外彎曲，用筆謹慎小心。
（8）（奇）幾乎呈撇狀，在下部轉向側鋒，末尾一掠而止。
（9）（利）省去了勾，作懸針狀，衹是末部稍向內弓。

昏　宣　是

昏	宣	是
二千氏民昏	丶宀宣宣	丨昆是

（4）（是）"日"在正上部。瘦小，兩短橫隨意爲二點，且連筆帶過。
（5）（宣）"日"在中部。方正。第一豎由上筆相連，略偏向內，最後二畫在橫折末部連筆向內上繞一圈，再從末部連筆寫出。
（6）（昏）"日"在正下。相對短小，下部收窄，四畫由連筆一筆完成。最後省去圈，簡爲一點。

涅　晦　日

涅	晦	日
冫湼湼湼	丨日肟昡晦晦	丨冂日日

日

（1）（日）楷法。注意，在"日"不作爲偏旁部首時，最後一橫須寫進左右兩豎之內。
（2）（晦）"日"在左部。細而長，仍須比右部字小。
（3）（涅）"日"在右上部。偏扁寬，橫折處突然收小，呈倒梯形。末一橫在外封口。

懷	性	怖
懷怀	性	怖
小 忄 忄 懷 懷 懷 懷 懷	小 忄 忄 忄 性	一 十 忄 忄 忄 怖 怖

小

（1）（懷）楷法。兩點左下右上，相呼應。用筆輕細，提按不分明。

（2）（性）豎畫末尾向右上角勾出，爲連筆。用筆有力，勁發。

（3）（怖）將二點簡爲一橫，豎的重心落在末尾，然後有力地勾起，多爲草法。

微	復	彼
微	復复	彼
彳 彳 彳 微	彳 彳 復	彳 彼

彳

（1）（彼）前二撇順勢而下，豎短促而接近點，並與下筆連筆。基本屬工致型。

（2）（復）簡化爲一點加一豎，行書寫法。

（3）（微）更趨簡化，連爲一筆，一畫三折，有些像"彳"的寫法，用筆快速多變。

窮	窮	宅
窮穷	窮穷	宅
宀 宀 宀	宀 宀	宀 宀 宅

（4）（宅）第三筆減去了"フ"的勾棱角，用飄逸的虛筆，重心落于最後向內勾上。

（5）（窮）第二、三筆相連，橫仍是虛筆帶過。祇是第三筆點稍回筆鋒，尚存些意。草法。

（6）（窮）二、三筆完全簡爲"フ"，用實筆，概括有力，平直而硬朗。

宙	宇	容
宙	宇	容
宀 宀 宙	宀 宀 宇	宀 宀 穴 容

宀

（1）（容）楷法。此字首點重心在前，而第二筆重心在後，並稍向外斜。

（2）（宇）亦楷法。第一筆點下後未收筆，向下方拖出，作連筆。

（3）（宙）第二筆由下方收筆處與第三筆相連。屬行書寫法。

遊 游 | 道 | 迷

扫 扫 | 方 肖 道 | 丷丷 米 迷

（4）（迷）耳部稍有彎意，捺至最粗時刹住，仍斜口向上結束，結實飽滿。

（5）（道）耳部省略爲兩點，接着將捺作一橫筆，不出尖。以筆肚收筆，平直而有力。

（6）（遊）草法。把整個"辶"縮簡爲一筆，收筆有勒勢，并有連筆回鋒之意。

辶

（1）（途）整個部首較婀娜，捺在末尾處以斜口結束，斜口向上，不出鋒。這是王字中常見的捺法。

（2）（遊）捺出尖。耳部少一個彎。

（3）（遺）點與耳部均輕細，捺的起筆亦細，遂突然重筆頓延至尾，仍斜口向上打住。

遺 遗 | 遊 游 | 途

口中虫申 齐貴遺 | 扌捺捺遊 | 左糸途

綱 | 續 续 | 紀 纪

纟綱 | 纟纠纩纬 绣结续續 | 纟纟纪纪

纟

（1）（紀）把"糸"簡化，下部尚存其意，將"丿"彎了兩彎。

（2）（續）三筆連爲一筆，第二折比第一折要小。行書寫法。

（3）（綱）將二折簡化爲一折。結構較扁些。

門

（1）（門）左邊"彐"部與"丨"部留有較大的空隙，豎短而偏下，而右邊則高些。

（2）（開）簡化了"門"部，尤其是右邊。

（3）（門）簡化，如同簡化字中的"門"，祇是左、右部尚存繁意。仍是左低右高。

門 门 | 開 开 | 門 门

丷门门 | 丬门门阂阔 | 冂门门阃阃阃

乚

（1）（呪）鋒尖輕落筆，勾處輕存其鋒而挑之。

（2）（也）省去勾的部份，呈豎彎，即剎住筆。

（3）（馳）處理成掠筆，重心在彎部轉折處，往往在快速書寫時如此。

门

（1）（聞）此處豎挺，方正。

（2）（爲）在此字中爲偏"丁"，免去了提按頓挫，轉合平暢，多爲行書用。

（3）（國）此形多在行草書中用，處理得自由圓滑，免去起落筆的頓挫，較圓轉誇張。

人

（1）（金）楷書寫法。注意，捺宜高于撇。

（2）（金）撇捺之間留些距離，撇的重心在下部，撇與捺皆不使筆鋒到尖，斜齊打住，仰鋒收筆。

（3）（捨）撇與捺在頂端交合處形成交叉，捺仍斜齊口仰鋒收筆。

（4）（化）此處不向上勾，到末時向下形成引帶，多爲連寫下字。

（5）（見）簡化了豎的部分，末尾不勾起，落筆輕，收筆果斷，勒住。

（6）（説）更簡化了"乚"部，處理成一短橫，祇是在起筆時稍加了引帶，仰鋒收筆。

（4）（周）首筆一豎末尾稍向左上方勾起，爲連筆用，缺口更大些。
（5）（内）將整個"冂"溶爲一筆，圓轉而簡化了棱角，首筆虛筆落紙。行草書時用。
（6）（四）呈扁形。首筆爲一筆，向内傾斜。

（1）（同）須在一、二筆之間的左上角留出空缺，看上去透氣，不宜封死。"抑左升右"。
（2）（門）與（1）基本相同，祇是豎短些，右肩更加抬起些。
（3）（國）呈長方形。首筆將一豎簡爲一長點。

（1）（際）楷書寫法。注意：豎的高度忌與耳部平齊或超過。此屬部首在左邊的。
（2）（阿）"阝"部與豎相隔一些距離，留出空隙，在筆畫少時用。
（3）（隆）耳部下部向内傾斜，至末筆時向右上部勾起，亦爲連筆之用。

（1）（右）楷書寫法，在撇畫的首部，有一橫畫之意。行筆可先撇後橫。
（2）（左）此行筆是先橫後撇。橫爲掠筆，輕盈帶過。撇的重心在近末尾處。
（3）（布）草書寫法。撇與橫連爲一體。

僕 仆	作	化
亻仆伴僕	亻亻作作	亻化

イ

（1）（化）撇與竪之間扣得很緊，結實而穩重。

（2）（作）撇與竪拉開距離，撇較短，重心在末梢。

（3）（僕）撇與竪之間有連筆，用筆快速，無明顯提按，多在行草書時用。

耶	郎	鄜
丆耳耶	亖良郎	幺二爲畨鄜

（4）（鄜）此屬部首在右邊。一竪到底，筆鋒打住，多用于楷書。

（5）（郎）竪至末尾由重漸輕，呈懸針狀。

（6）（耶）與（5）不同的是，竪行筆至下部時，轉爲側鋒，末部漸細，凸肚部分在右，呈側懸針狀。

法	治	法
丶丶法	丶氵治	氵法法

（4）（法）與（3）明顯不同的是，第二點的重心下降至轉折處。第二筆衹是用虛筆落筆。

（5）（治）草法。將三點連爲一斜勾，用筆均勻，肯定有力。注意：筆勢向外拓呈弓形。

（6）（法）亦草法。與（5）正相反，明顯向內呈弓形，用筆較細挺。

測 測	沙	淥
氵汌泪測	氵氵沙	江浮淥

丶

（1）（淥）三點交待分明。首點結實，二點稍加引帶，三點短促，向右斜上方提起。基本在一垂直綫上。

（2）（沙）基本保持標準原形，二、三點之間明顯連筆。用筆細而輕盈。

（3）（測）把二、三點肯定地連爲一體，用筆粗挺而果斷，方正。

才

（4）（抎）三筆首尾皆相連，亦爲草法。
（5）（撫）雖未連筆，皆具連筆之意，起筆重心自由，皆不在首畫，屬快速用筆所致。
（6）（拯）用筆明顯與常規不同，"丿"部的重心放在後部。

拯	撫抚	抎於
扌扌拯	扌扌捶梅撫	扌於

（1）（控）較爲工致。首筆橫畫短促，似簡爲一橫點。
（2）（拯）起筆由輕而重，"丨"與"丿"自然連爲一筆。
（3）（拔）第一，二筆相連，起落筆痕迹消失，融成一圈。多爲草法。

拔	拯拯	控
扌扌抶抶	扌扌拯	扌扩控

口

（1）（右）用筆堅實，呈倒梯形，多爲楷法。
（2）（侶）造型偏扁，一二筆相連，首竪與橫自然簡爲一筆，不封口。
（3）（括）"口"部的三筆，無一筆相連，用筆概括、有力，造型隨意而古拙。有三處透氣不封口。

括	侶	右
扌扌括	亻侣侶	一ナ右

土

（1）（增）用行筆。起落筆輕鬆，提按不分明。
（2）（切）首筆稍加引帶，二、三筆相連，勾小，外拓稍弓。
（3）（地）"丿"部與"也"相連，自然爲一筆。古人多用此意。

地	切	增
十切地	一七切	土坮増增

廿

（1）（莫）多爲楷法。用筆果斷，跳躍，提按分明。兩小橫，第一橫重心在前，第二橫重心在後。

（2）（花）行書寫法。把"艹"簡寫成"亠"上面兩點相互呼應，一橫果斷乎直。

（3）（若）草法。將"亠"與下部字自然融爲一體，一氣呵成。縮去"亠"的橫畫，爲一小點，極不明顯。

（4）（古）首畫豎與上筆豎相連，橫折繼續相連，從左上方繞出，末筆爲一點。多爲行草書用。

（5）（悟）"五"與"口"自然融合。"口"在飄逸的用筆間簡爲一橫點，連筆。多爲行草書用。

（6）（高）此種寫法省去更多。讓"口"字在引帶、連筆中形成一小圈，輕盈自由。

六

（1）（典）橫乎直，兩點相對，拉開距離。基本與橫畫闊度相等。

（2）（奧）橫稍向右上傾斜。加連筆，兩點相連，用實筆，有力。斜度與橫統一。

（3）（真）橫畫與上筆相連，用虛筆，在引帶間向上翻起，兩點作"人"處理，整個過程輕鬆且隨意。用筆細飄。最後做頓筆。

亠

（1）（善）兩點相對，頓挫，提按分明。

（2）（遂）兩點較爲分開，第二點與下橫連寫，縮短橫畫，并加連筆。

（3）（道）兩點橫向相連，爲實筆。橫畫果斷。

左上

應应　鹿　庶

广广广庇雁雁應應
广广广庐唐鹿鹿
广广庐座

（4）（庶）與（3）所不同的是，末稍的勾是向內上方，爲連下一筆所致。
（5）（鹿）在橫的末端向上翻筆，再撇下，連續用筆至使形成，小三角。
（6）（應）橫長，加引帶，連撇，由細變粗，重心在末部收筆。末稍斜口向外。

右上

广

慶庆　塵尘　度

广广庐庐摩慶　广广庐庐鹿塵塵塵　二广庐度

（1）（度）第二畫稍有引帶，第三畫撇的重心在末部，二、三筆之間留有空隙。
（2）（塵）撇的起筆在橫的左側三分之一處，不留空隙，平直斜下，至末尾時向上略爲勾起。
（3）（慶）橫、撇相連在右側頂端，角度甚小，末稍勾起同（2）。

左下

悚　塗途　業业

十怍悚　氵沙冷涂涂塗　亚业坐業

（4）（業）"亅"部勾起時在空中繞小圈，在偏下方作兩點，有明顯繞圈之痕迹。
（5）（塗）兩點相連，第一點呈橫狀，有虛筆之意。
（6）（悚）兩點亦可作撇點或撇捺。豎縮去勾，末尾一點輕快，加連筆。

右下

小

小　未　崇

亅小　一二半未　亅山出崇

（1）（崇）"亅"短小，稍斜，重心在下，兩點相對，高低與"亅"底部平齊。
（2）（未）免去豎的勾，兩點距離拉大些。
（3）（小）兩點相對的引帶明顯、有力，均爲實筆。

（4）（射）横連筆引帶，竪長而細，勾飽滿有力，點靠内，偏高。

（5）（得）竪勾圓滑帶過，無棱角，點用側鋒掃下。

（6）（得）竪勾與點融爲一筆，重心在勾處，角度偏大而圓，順勢向上繞下。

寸

（1）（寺）用筆結實到位。點的位置注意放在横頭和勾尖間。

（2）（時）横由上筆連下，下筆連"亅"，點距勾較近之上方。

（3）（傅）横縮短而右上抬，竪勾短小，點呈横勢，填空適中。

女

（1）（如）"女"字偏瘦。最後一横稍向右上方抬。爲接下一筆。

（2）（妙）簡化了"彡"部爲一點，向内翻筆，二、三筆相連，横短漸細。行草寫法。

（3）（如）完全引帶加連筆，草法。

山

（1）（嶺）楷法。第二筆稍向上抬。

（2）（岩）首筆一竪簡爲點，行書寫法。

（3）（豈）草法。由點與連筆組成。

巾

(1)（帝）豎由上筆連下，省去，尚存豎意，直接寫"刁"，後一豎長而有力。

(2)（諦）第一筆豎完全省去，"冖"部偏扁，并向右上方稍抬。

(3)（常）由上筆連下，均用連筆，各轉折處均圓滑，最後一豎未出頭，短而向內稍曲，收鋒。

常　諦 谛　帝

(4)（要）"女"字在下，因而偏扁。"く"處分明，折點大而橫向，橫左長而右短。并帶間鋒。

(5)（婆）撇、橫成連筆狀，用筆纖細而有韌性，最後亦有回筆作引帶。

(6)（接）偏旁在右下，草法。與（3）寫法相同，祇是一筆引帶繼續向下形成一半圈狀。

接　婆　要

火

(1)（火）兩點相互呼應，引帶明顯，撇用筆有力而均勻至末尾，再向左上勾起。捺作一大點。

(2)（燭）偏旁在左，因此偏瘦小，撇相對加長，大點改爲小點，且縮在中部，向上稍引帶。

(3)（炬）兩點相連，向上翻筆連撇。

炬　燭 烛　火

王

(1)（璋）行草寫法。四筆作一筆相連，二、三筆之間繞一圈向下頓筆，從頓筆的頂端作提筆。

(2)（珪）圈祇繞了一半，未過豎，即下。用筆挺拔飽滿。亦行草法。

(3)（聖）部首在下。三橫無明顯長短。

聖 圣　珪　璋

集	深	林
亻亻信隹 隹隹集	氵氵氵深	十木村 材林

（4）（林）"木"在右。豎帶勾，偏扁，末筆爲捺。

（5）（深）"木"字在右下。豎亦帶勾，捺爲一大點，不留間隙。

（6）（集）"木"字在正下，橫加長，豎出頭甚短，左右兩點拉開距離。

木

標	相	桂
標 标	相	桂
亻木杍 栌標標	丁木朾相	木杜桂

（1）（桂）楷法。"木"字在左。末筆小而短。

（2）（相）行書寫法。二、四筆相連。撇末部回鋒向上勾起。

（3）（標）與（2）所不同的是，豎與撇均向内兜。用筆結實隨意。

愚	德	志
愚	德	志
丨曰昌 男愚	亻彳忄德	一十志

（4）（志）"心"部由于草寫而簡化爲相連的三點。前二點趨勢向上，後一點向下頓。距離高低均等。

（5）（德）三點仍相連，與（4）同。但第一點簡爲提，第二點最重。第三點偏上部，收筆時筆鋒轉而向上。亦爲妙處。

（6）（愚）更趨簡化，全用實筆連帶，以提升始，末點向下頓筆加引帶，爽净痛快。

心

想	心	心
想	心	心
一十木朾相 相想	心心	心心心

（1）（心）楷法。每筆畫皆標準。三點逐漸水平向上，"乚"要橫躺，末點忌落在偏下方。

（2）（心）二、三點相連，點意分明。

（3）（想）第一點由上畫連筆，形成撇狀，重在末尾，"乚"縮小，兩點稍連，拉開距離，結構巧妙。行書寫法。

然、無

（4）（然）前三點相連，筆尖輕輕一波，最後亦一輕點。微妙之極。

（5）（無）四點爲一橫，與（3）不同的是，微下弓兩頭起。

（6）（無）草法。圓點與上筆相連，寫成一短橫，收筆呈"折叉股"狀。

無 无	無 无	然
亠三	乆	⺀ 然

無、照

（1）（無）四點簡化爲三點，均有引帶。

（2）（照）看上去是一橫，三點意思明確。

（3）（照）簡化爲一大橫，用實筆，微向上弓起。

照	照	無 无
月日昭照	月日昭昭照	乞乞無無

者、老

步

（1）（者）第二長橫明顯右上抬，收筆時直接撇下，撇直。

（2）（老）第二長橫與前二筆拉開距離，即收筆時上翻再撇下，翻度微小。

（3）（者）與（2）基本相同，祇是在完全收筆時再向上翻筆撇下，交合處有明顯三角形。撇尾稍回鋒。

者	老	者
十耂耂耂耆	十耂耂老	一十耂者

教、敏

攵

（1）（教）楷法。每筆標準分明。

（2）（敏）縮簡了橫畫，第一撇以側鋒用筆。尾部齊平，第二撇因含橫畫，起筆處稍向內彎。最後的捺作頓筆，結實而有刹勁。

（3）（故）首筆與上筆相連，與（2）相似，捺的頓筆末尾有遒勁的引帶。

故	敏	教
扌攵	乞每每敏	十耂孝教

論 论	讚 贊	说
丶言讠论	丶言讠讚	丶讠说

（4）（論）言部下半部連爲一筆，上加一點。
（5）（讚）言部與（4）相似，行筆更加簡略，起筆輕細。
（6）（說）言部是行書中簡略的寫法，形同現在的簡體言部。

言

許 许	記 记	讚 贊
言言許 許許	丶言记	丶言讠 讲讀讀

（1）（許）楷法。左邊"口"字末筆與右邊的"午"字上半部筆意相連。
（2）（記）以撇點和豎折挑代替言字旁的下部。
（3）（讚）言字旁的兩短橫和"口"一筆完成，行草寫法。

顛 颠	顏 颜	類 类
一十方頁 郝顛	丶丷�585頡顏	丷半半米米 米數類

頁

（1）（類）頁部寫法較爲規整。下部橫和第一點相連。
（2）（顏）頁部較爲疏放，撇畫和左豎連寫。
（3）（顛）頁部較爲疏放，第一、二筆連寫，錯落有致。

雨

霜	靈 灵	雪
一雨雨 雪雪霜	一雨雨雪 雪雷靈	一宀雨雨雪

（1）（雪）雨頭裏的四點行書通常用一挑點和一撇點代替。
（2）（靈）雨寫法同（1），用筆輕細。
（3）（霜）雨字寫法同上，須在二、三筆之間是的左上角留出空缺，看上去透氣，不宜封死。用筆沉着肯定。

穴

空　　窺窺　　究

、ハ穴空　　、ハ穴空窺窺窩窩窩窺窺　　、ハ穴究究究

（1）（究）穴字頭下點如高山墜石，其他筆畫筆意相連，氣息貫通。
（2）（窺）穴字頭兩點緊收，須在二、三筆之間的左上角留出空缺。
（3）（空）穴字頭舒放空靈，末筆向下頓筆，加引帶。

弓

弥　　弘　　引

弓弓弥弥　　弓弘　　弓引

（1）（引）弓字旁爲行書簡化寫法，處理得自由圓轉，整個字高古素雅。
（2）（弘）弓字旁上鬆下緊，縱向取勢，簡爲一筆。
（3）（彌）弓字旁簡化到形似"了"字。

犭

獲荻　　猶犹　　獨独

（1）（獨）先寫長撇和豎彎勾，再寫短撇，短撇和豎彎勾相連。
（2）（猶）長撇末尾順勢向右上環寫豎彎勾，這種寫法更快，富有節奏。
（3）（獲）寫法同上，整個字富有動感。一、二筆明顯相連，成圈狀。用筆纖細輕盈。

金

鑴鑴　　鑑鑑　　鏡鏡

亽金金釒　錐鑴鑴　　亽金釒　鑑鑑　　亽金釒　鏡鏡

（1）（鏡）金字旁撇畫取直勢，右點及時收筆。
（2）（鑑）金字旁撇畫取直勢，右點連帶下一筆的起頭。
（3）（鑴）金字旁底橫以挑畫代替，整個字近於楷法。

書法形態論

逸乎嵩、岱之峻極，燦若列宿之麗天。偉字挺特，奇書秀出；揚波騁藝，餘妍宏逸；虎踞鳳跱，龍伸蠖屈。資胡氏之壯杰，兼鍾公之精密；總二妙之所長，盡衆美乎文質。詳覽字體，究尋筆迹，粲乎偉乎，如珪如璧。宛若盤螭之仰勢，翼若翔鸞之舒翮。或乃飛筆放體，雨疾風馳；綺靡婉婉，縱橫流離。

——東晉·王珉《行書狀》

行書之體，略同於真。至於頓挫盤礴，若猛獸之搏噬；進退鈎距，若秋鷹之迅擊。故覆腕搶毫，乃按鋒而直引，其腕則內旋外拓，而環轉紓結也。旋毫不絕，内轉鋒也。加以掉筆聯毫，若石墨玉瑕，自然之理。亦如長空游絲，容曳而來往；又如蟲網絡壁，勁而復虛。

右軍云：『游絲斷而能續，皆契以天真，同於輪扁。』又云：『每作一點畫，皆懸管掉之，令其鋒開，自然勁健矣。』

——唐·虞世南《筆髓論》

書法源流論

非草非真，發揮柔翰，星劍光芒，雲虹照爛，驚鶴嬋娟，風行雨散，劉子濫觴，鍾胡彌漫。

——唐·張懷瓘《書斷》

案行書者，後漢潁川劉德昇所造也，即正書之小譌。務從簡易，相間流行，故謂之行書。王愔云：晉世以來，工書者多以行書著名。

昔鍾元常善行狎書是也，爾後王羲之、獻之并造其極焉。獻之嘗白父云：『古之章草，未能宏逸，頓异真體，今窮偽略之理，極草縱之致，不若藁行之間，於往法固殊也，大人宜改體。』觀其騰烟煬火，則回禄喪精，覆海傾河，則元冥失馭，天假其魄，非學之巧。若逸氣縱橫，則義謝於獻；若簪裾禮樂，則獻不繼羲。雖諸家之法悉殊，而子敬最爲遒拔。夫古今人民，狀貌各异，此皆自然妙有，萬物莫比，惟書之不同，可庶幾也。故得之者，先禀於天然，次資於功用。而善學者乃學之於造化，异類而求之，固不取乎原本，而各逞其自然。劉德昇即行書之祖也。

——唐·張懷瓘《書斷》

自隸法掃地而真幾於拘，草幾於放，介乎兩間者，行書有焉。於是兼真謂之真行，兼草則謂之行草。爰自西漢之末，有潁川劉德昇者，實爲此體，而其法蓋貴簡易相間流行，故謂之行書。德昇而下，復有鍾繇、胡昭者同出於德昇之門。然昭用筆肥重，不若繇之瘦勁，故昭卒於無聞，而繇獨得以行書顯，當時謂繇善行狎書者此也。及晉王羲之、獻之心得神會處，不由師授，故并臻其極，蔚然爲翰墨之冠。晚有王珉復善此學，而議其書者有峻如崧高、爛若列星之况。信乎行書之在字學，非富規矩、有來歷不能作此。譬之千里之足，屈伏櫪下，則成蹶何在？及其緩轡闊步，争馳蟻封間，於是駑驥遂分。書之有行，亦若是也。

——北宋《宣和書譜·行書叙論》

……

嘗夷考魏、晉行書，自有一體，與草書不同。大率變真，以便於揮運而已。草出於章，行出於真，雖曰行書，各有定體。縱復晉代諸賢，亦不相遠。《蘭亭記》及右軍諸帖第一，謝安石、大令諸帖次之、顏、柳、蘇、米，亦後世之可觀者。大要以筆老為貴，少有失誤，亦可輝映。所貴乎秾纖間出，血脉相連，筋骨老健，風神灑落，姿態備具，真有真之態度，行有行之態度，草有草之態度。必須博學，可以兼通。

——南宋·姜夔《續書譜》

世言漢劉德昇造行書，而晉《衛恒傳》但謂『魏初有鍾、胡二家為行書法，俱學之於劉德昇』，初不謂行書自德昇造也。至三家之書品，庾肩吾已論次之。蓋德昇中之上，胡昭上之下，鍾繇上之上云。

行書有真行，有草行，真行近真而縱於真，草行近草而斂於草。東坡謂『真如立，行如行，草如走』，行豈可同諸立與走乎！

行書行世之廣，與真書略等，篆隸草皆不如之。然從有此體以來，未有專論其法者。蓋行者，真之捷而草之詳。知真草者之於行，如繪事欲作碧綠，祇須會合青黃，無庸別設碧綠料也。

——清·劉熙載《藝概·書概》

執筆

凡學書字，先學執筆，若真書，去筆頭二寸一分，若行草書，去筆頭三寸一分，執之。

執筆有七種。有心急而執筆緩者，有心緩而執筆急者。若執筆近而不能緊者，心手不齊，意後筆前者敗；若執筆遠而急，意前筆後者勝。

——（傳）東晉·衛鑠《筆陣圖》

然執筆亦有法，若執筆淺而堅，掣打勁利，掣三寸而一寸着紙，勢有餘矣；若執筆深而束，牽三寸而一寸着紙，勢已盡矣。其故何也？筆在指端，則掌虛運動，適意騰躍頓挫，生氣在焉；筆居半則掌實，如樞不轉，掣豈自由，轉運旋回，乃成棱角。筆既死矣，寧望字之生動。獻之年甫五歲，羲之奇其把筆，乃潛後掣之不脫，幼得其法，此蓋生而知之。是故學必有法，成則無體，欲探其奧，先識其門。有知其門不知其奧，未有不得其法而得其能者。

——唐·張懷瓘《六體書論》

夫把筆有五種，大凡管長不過五六寸，貴用易便也。

第一執管。夫書之妙，在於執管，既以雙指苞管，亦當五指共執，其要實指虛掌，鈎擫訐送，亦曰抵送，以備口傳手授之說也。世俗皆以單指苞之，則力不足而無神氣，每作一點畫，雖有解法，亦當使用不成。曰平腕雙苞，虛掌實指，妙無所加也。

第二搦管，亦名拙管。謂五指共搦其管末，吊筆急疾，無體之書，或起藁草用之。今世俗多用五指搦管書，則全無筋骨，慎不可效也。

第三撮管。謂以五指撮其管末，惟大草書或書圖幛用之，亦與拙管同也。

第四握管。謂捻拳握管於掌中，懸腕以肘助力書之。或云起自

諸葛誕，倚柱書時，雷霹柱裂，書亦不輟。當用壯氣，率以此握管

書之，非書家流所用也。後王僧虔用此法，蓋以異於人故，非本爲

也。近有張從申郎中拙然而爲，實爲世笑也。

第五搦管。謂從頭指至小指，以管於第一、二指節中搦之，亦

是效握管，小异所爲。有好异之輩，竊爲流俗書圖幛用之，或以示

凡淺，時提轉，甚爲怪异，此又非書家之事也。

徐公曰：執筆於大指中節前，居動轉之際，以頭指齊中指，兼

助爲力，指自然實，掌自然虛。雖執之使齊，必須用之自在。今人

皆置筆當節，礙其轉動，拳指塞掌，絕其力勢。況執之愈急，愈滯

不通，縱用之規矩，無以施爲也。

又曰：夫執筆在乎便穩，用筆在乎輕健，故輕則須沉，便則須

澀，謂藏鋒也。不澀則險勁之狀無由而生也，太流則便成浮滑，浮

滑則是爲俗也。故每點畫須依筆法，然始稱書，乃同古人之迹，所

爲合於作者也。

——唐·韓方明《授筆要説》

書有七字法，謂之撥鐙，自衛夫人並鍾、王，傳授於歐、顏、褚、

陸等，流於此日，然世人罕知其道者。孤以幸會得受誨於先生。奇哉，

是書也！非天賦其性，口受要訣，然後研功覃思，則不能窮其奧妙，

安得不秘而寶之！所謂法者，撅壓、鈎揭、抵拒、導送是也。此字

今有顏公真卿墨迹尚存於世，余恐將來學者無所聞焉，故聊記之。

撅者，撅大指骨上節，下端用力欲直，如提千鈞。

壓者，捺食指著中節旁。

鈎者，鈎中指著指尖鈎筆，令向下。

揭者，揭名指著指爪肉之際揭筆，令向上。

抵者，名指揭筆，中指抵住。

拒者，中指鈎筆，名指拒定。

導者，小指引名指過右。

送者，小指送名指過左。

——五代南唐·李煜《書述》

大凡學書，指欲實，掌欲虛，管欲直，心欲圓。

——元·陳繹曾《翰林要訣》

執之法，虛圓正緊，又曰淺而堅，謂撥鐙，令其和暢，勿使拘

攣。真書去毫端二寸，行三寸，草四寸，掣三分，而一分着紙，勢

則有餘；掣一分，而三分着紙，勢則不足。此其要也。而撅捺、鈎

揭、抵拒、導送，指法亦備。其曰撅者，大指當微側，以甲肉際當

管傍則善。而又曰力以中駐，中筆之法，中指主鈎，用力全在於是。

又有扳罾法，食指拄上，甚正而奇健。撮管法，撮聚管端，草書便；

提筆法，提挈其筆，署書宜，此執筆之功也。

——明·解縉《春雨雜述》

運腕

枕腕，以左手枕右手腕。

提腕，肘著案而虛提手腕。

懸腕，懸著空中最有力。今代惟鮮于郎中善懸腕書，余問之，瞑目伸臂曰：胆、胆、胆。

——元·陳繹曾《翰林要訣》

世傳右軍好鵝，莫知其說。蓋作書用筆，其力全憑手腕，鵝之一身，唯項最為圓活，今以手比鵝頭，腕作鵝項，則亦高下俯仰，前後左右，無不如意。鵝鳴則昂首，視則側目，刷羽則隨意淺深，眠沙則曲藏懷腋。取此以為腕法而習熟之，雖使右軍復生，耳提面命，當不過是，非謔談也。想當時，興奇偶到，且知音見賞，兼為後世立話柄耳。

——明·湯臨初《書指》

學書之法，在乎一心，心能轉腕，手能轉筆。大要執筆欲緊，運筆欲活，手不主運而以腕運，腕雖主運而以心運。右軍曰：「意在筆先。」此法言也。

——清·宋曹《書法約言》

用筆

藏頭護尾，力在字中，下筆用力，肌膚之麗。故曰：勢來不可止，勢去不可遏，惟筆軟則奇怪生焉。

凡落筆結字，上皆覆下，下以承上，使其形勢遞相映帶，無使勢背。

轉筆，宜左右回顧，無使節目孤露。

藏鋒，點畫出入之迹，欲左先右，至回左亦爾。

藏頭，圓筆屬紙，令筆心常在點畫中行。

護尾，畫點勢盡，力收之。

疾勢，出於啄磔之中，又在竪筆緊趯之內。

掠筆，在於趲鋒峻趯用之。

澀勢，在於緊駃戰行之法。

橫鱗，竪勒之規。

此名九勢，得之雖無師授，亦能妙合古人，須翰墨功多，即造妙境耳。

——（傳）東漢·蔡邕《九勢》

一　如千里陣雲，隱隱然其實有形。

、　如高峰墜石，磕磕然實如崩也。

丿　陸斷犀象。

乁　百鈞弩發。

丨　萬歲枯藤。

乀　崩浪雷奔。

㇆　勁弩筋節。

（公子曰：）『夫用筆之法，急捉短搦，迅牽疾掣，懸針垂露，蠖屈蛇伸，灑落蕭條，點綴閑雅，行行眩目，字字驚心，若上苑之春花，無處不發，抑亦可觀，是予用筆之妙也。』

——（傳）東晉·衛鑠《筆陣圖》

（公子曰：）『夫用筆之體會，須鈎粘才把，緩絚徐收，梯不虛……

發，斫必有由。徘徊俯仰，容與風流。」

　　　　　　——唐·歐陽詢《用筆論》

偃仰向背　謂兩字并爲一字，須求點畫上下偃仰離合之勢。

陰陽相應　謂陰爲内，陽爲外，斂心爲陰，展筆爲陽，須左右相應。

鱗羽參差　謂點畫編次無使齊平，如鱗羽參差之狀。

峰巒起伏　謂起筆蹙衄，如峰巒之狀，殺筆亦須存結。

真草偏枯　謂兩字或三字，不得真草合成一字，謂之偏枯，須求映帶，字勢雄媚。

射空玲瓏　謂烟感識字，行草用筆，不依前後。

邪真失則　謂落筆結字分寸點畫之法，須依位次。

遲澀飛動　謂勒鋒磔筆，字須飛動，無凝滯之勢，是得法。

尺寸規度　謂不可長有餘而短不足，須引筆至盡處，則字有凝重之態。

隨字變轉　謂如《蘭亭》『歲』字一筆，作垂露；其上『年』字則變懸針；又其間一十八個『之』字，各別有體。

《翰林密論》云：凡攻書之門，有十二種隱筆法，即是遲筆、疾筆、逆筆、順筆、澀筆、倒筆、轉筆、渦筆、提筆、啄筆、罨筆、趯筆。并用筆生死之法，在於幽隱。遲筆法在於遲，疾筆法在於疾，逆入倒出，取勢加攻，診候調停，偏宜寂静。其於得妙，須在功深，草草求玄，終難得也。

　　　　　——唐·張懷瓘《論用筆十法》

古人作篆、分、真、行、草書，用筆無二，必以正鋒爲主，間用側鋒取妍。分書以下，正鋒居八，側鋒居二，篆則一毫不可側也。

　　　　　　——明·豐坊《書訣》

道生云：「雙鈎懸腕，讓左側右，虛掌實指，意前筆後，此古人所傳用筆之訣也。」「如屋漏雨，如壁坼，如印印泥，如錐畫沙，如折釵股，古人所論作書之勢也。」然妙在第四指得力，俯仰進退，收往垂縮，剛柔曲直，縱横轉運，無不如意，則筆在畫中，而左右皆無病矣。

　　　　……

先民有言『用筆不欲太肥，肥則形濁；不欲太瘦，瘦則形枯。肥不剩肉，瘦不露骨，乃爲合作。』『又不欲多露鋒芒，露鋒芒則意不持重，又不欲深藏圭角，藏圭角則體不精神。』斯言當矣！愚以謂如不得已，則肉勝不如骨勝，多露不如深藏，猶爲彼善也。

　　　　　——明·王世貞《藝苑卮言》

余嘗題永師《千文》後曰：『作書須提得筆起，自爲起，自爲結，不可信筆。後代人作書皆信筆耳。』信筆二字，最當玩味。吾所云須懸腕，須正鋒者，皆爲破信筆之病也。東坡書筆俱重落，米襄陽謂之畫字，此言有信筆處耳。

筆畫中須直，不得輕易偏軟。

捉筆時須定宗旨，若泛泛塗抹，書道不成形像。用筆使人望而知其爲某書，不嫌説定法也。

　　　　……

顏平原屋漏痕，折釵股，謂欲藏鋒。後人遂以墨豬當之，皆成偃筆，痴人前不得説夢。欲知屋漏痕，折釵股，於圓熟求之，未可朝執筆而暮合轍也。
……

發筆處便要提得筆起，不使其自偃，乃是千古不傳語。蓋用筆之難，難在遒勁，而遒勁非是怒筆木強之謂，乃大力人通身是力，倒輒能起。此惟褚河南、虞永興行書得之。須悟後始肯余言也。
……

作書須提得筆起，不可信筆。蓋信筆則其波畫皆無力。提得筆起，則一轉一束處皆有主宰。轉、束二字，書家妙訣也。今人衹是筆作主，未嘗運筆。
……

書法雖貴藏鋒，然不得以模糊爲藏鋒，須有用筆如太阿剸截之意，蓋以勁利取勢，以虛和取韵。顏魯公所謂如印泥、如錐畫沙是也。細參《玉潤帖》，思過半矣。

——明·董其昌《畫禪室隨筆》

行草書，凡注下牽上，筆必從下掣上；帶上轉下，筆必逆上回下，總要使其筆鋒用足，則勁而有力也。
……

運意使鋒《蘭亭》爲極，《聖教》佐之，畫沙、印泥、折股、漏痕，須一一自己識取，有所得，古人觀面也。用筆輕浮不得力，用筆雷堆不生機勢，均之是病。
……

筆墨俱要入紙，是書家要義。鋒正則心無旁岐，運遲則墨沁入。鋒正則筆直入，運遲則有暇用意，且頓挫生焉；筆入，所謂「錐畫沙」也；墨入，所謂「印泥」也。另筆墨不相離，而體認不可混。

——清·徐用錫《字學札記》

書法有屋漏痕、折釵股、壁坼、錐畫沙、印泥。屋漏痕者，屋上天光透漏處，仰視則方、圓、斜、正，形像皎然，以喻點畫明净，無連綿牽掣之狀也。折釵股者，如釵股之折，謂轉角圓勁力均。壁坼者，壁上坼裂處，有天然清峭之致。若夫畫沙、印泥，乃功夫至深處，水到渠成，從心所欲，非可於模範中求之。前人立言傳法，文字不能盡，則設喻辭以曉之，假形象以示之。

凡作一筆，須力與筆齊到齊住。若筆先而力後，則轉掣單弱；力先而筆後，則結束不緊。一落紙便着力滿行，行到盡處，手一暗提，力仍回到起處，若止回得一半，亦自回越尋常，然斷不能古穆。作一橫一豎，起有力，中有力，作一撇，起筆便須雄重，不得行過二三分然後出力。撇之尖鋒與懸針之尖鋒，皆須力運到，乃可收回，不是隨筆飄去，要使尖鋒與次筆緊相應。一捺起筆，輕絲已暗用在來筆之先一段，一入本筆便有半力，可以雄重按去，收束自緊，且有回鋒。若從本筆才用力，筆勢太緩，筆盡而力未盡，放則長而不稱，強收又拘縮無精神回顧矣。一點亦三過其筆，

——清·朱履貞《書學捷要》

使鋒從中出，乃之他筆，方映帶有情。

——清·汪澐《書法管見》

行筆之法，十遲五急，十曲五直，十藏五出，十起五伏，此已曲盡其妙。然以中郎爲最精，其論，貴疾勢澀筆。又曰：『令筆心常在點畫中，筆軟則奇怪生焉。』此法惟平原得之。篆書則李少溫，草書則楊少師而已。若能如法行筆，所謂雖無師授，亦能妙合古人也。

古人作書，皆重藏鋒。中郎曰：『藏頭護尾。』右軍曰：『第一須存筋藏鋒，滅迹隱端。』又曰：『用尖筆須落筆混成，無使毫露。』所謂築鋒下筆，皆令完成也。錐畫沙、印印泥、屋漏痕，皆言無起止，即藏鋒也。

結體

蓋聞字之形體，有大小、疏密、肥瘦、長短；字之點畫，有仰覆、屈伸、變換。嘗患其浩瀚紛紜，莫能盡於結構之道，所以定此八十四法爲例，推廣求之。若無法者，不失於偏枯，則失於開放；不失於開放，則失於承載趨避，鮮有合格可觀者焉。蓋大字以方端均稱爲貴，偏斜放肆爲忌，是以此法取分界地步爲主，折算偏旁爲用。收斂肢體，布置形容，具注則繁，略伸大意。且如一字之形，理有數等，有上蓋大者，有下畫長者，有左邊高者，有右邊高者，非在一途而取軌，全資衆道以相承。約方圓於規矩，定平直於準繩。

——清·康有爲《廣藝舟雙楫》

欲使四方八面俱供中心，勾撇點畫皆歸間架，有相迎相送照應之情，無或反或背乖戾之失。雖字形有千百億萬之不同，而結構亦不出乎此法之外也。若夫筋骨神氣，須自書法精熟中融通變化，久則自然有得，非但拘拘然守此成法爲也。

——明·李淳《大字結構八十四法》

作書所最忌者位置等勻，且如一字中，須有收有放，有精神相挽處。王大令之書，從無左右并頭者，右軍如鳳翥鸞翔，似奇反正。

米元章謂大年《千文》，觀其有偏側之勢，出二王外。此皆言布置不當平勻，當長短錯綜，疏密相間也。

作書之法，在能放縱，又能攢捉。每一字中失此兩竅，便如畫夜獨行，全是魔道矣。

——明·董其昌《畫禪室隨筆》

『大字難於結密而無間，小字難於寬展而有餘』，猶非篤論。若米老所云『大字如小字，小字如大字』，則以勢爲主，差近筆法。

今榜書如米老之『寶藏第一山』，吳琚之『天下第一江山』，皆趙承旨之上雖顏魯公猶當讓席。其得力乃在小行書時留意結構也。書家之結字，畫家之皴法，一了百了，一差百差。要非俗子所解。

——明·董其昌《容臺集·論書》

字體有從中及傍者，如『興』『水』字之類；有從傍及中者，如『中』『國』之類。從中，須着念全體，然後下筆；從傍，則轉移其念，凡作左，着念在右，凡作右，着念在左。凡作點綴收鋒，又着念全體，此上乘也。若着念在闕漏處，此下乘也。任意完結者不成書矣。

……

結構名義不可不分，負抱聯絡者，結也；疏謐縱衡者，構也。

學書從用筆來，先得結法；從措意來，先得構法。構爲筋骨，結爲節奏。有結無構，字則不立；有構無結，字則不圓。結構兼至，近之矣，尚無脉也。故濟以運筆，運筆晉人爲最，晉必王，王必羲，義別詳之。

……

字之結構，絕似詞家之對偶，有可以正對，有可以借對，有可以影射對，有可以走馬對。泥於形似，則質而不文；專於影射，則巫而不重。近體似真書，古詞似篆擂。於篆之中，近體似小篆，古詞似大篆。近體擬合而時或不合，古詞擬散而時或不散。近體合以形，古詞合以意。

……

作字有難於結構者，一爲學力不到，一爲平方正直塵腐之魔膠固胸膈間。平直故是正法，其勢有不得平直者，不可以此拘拘也。即可以平直而不成文章者，亦不可以是拘拘也。乍滿乍闕，讓左讓右，或齊首斂足，或齊足空首，無所不宜。一字務於成文，一篇務於成章可矣。何謂文？交錯盤互，得所是也；何謂章？『音十』爲章，合集衆形不使乖張是也。所謂難結構若何？如『盥』字之類。常考《石經》作『盥』亦不甚雅，覃思不已，變文作『盥』，自謂可觀，然不免改作。近有童子膽寫一書，謬作直旁二白，始笑絕倒，既而爽然，翻可取法。三人我師，今而益信。

字須配合，配合有二種：結構之合不必畫畫對偶，要在離合之勢可指而目睹方是；使轉之合，不必絲絲貫珠，要死活之脉可想見會心方是。

——明·趙宧光《寒山帚談》

……

結構之法，須用唐人九宮式，則間架密致，有鬥笋接縫之妙矣。

九宮者，每一格中有九小格，如『井』字樣，臨帖時牢記某點在某格之中，某畫在某格之內，記熟，則出筆自肖法帖，且能伸能縮，惟我所欲矣。

長短闊狹，字之態度；點畫斜曲，字之應對。卑者奉，尊者接，審其疏密，取其停勻，空則襯補，孤則扶持。以下承上，以右應左，以大包小，以少附多，皆法度也。

……

大字難於結密而無間，小字難於寬綽而有餘，真書難於飄揚，草書難於嚴重。大字不結密，則懶散無精神，區額須字字相照應，挂起自然停勻，又須帶逸氣，方不俗。小字貴開闊，忌局促，須令間架明整，有體段。長史所謂『大促令小，小展令大』是也。

不可頭輕尾重，毋令左短右長，斜正如人，上下相稱。疏處捺滿，密處輕裝；平處捺滿，險處輕裝。捺滿則肥，輕裝則瘦。

落筆結字上皆覆下，下皆承上，使形勢遞相映帶，不可亂筆纏擾，貴穩雅秀老爲主，下筆疾則失勢，緩則骨痴。以右軍爲祖，次參晉人諸帖，及《懷仁聖教序》。

行書間架須明净，

草書間架要分明，點畫俱有規矩，方是晉人法度。下筆易疾，須放，令少緩，徐行緩步爲佳。然不可太遲，遲則緩慢無神氣。

——清·王澍《翰墨指南》

結構之法，須四圍筆勢向中環拱，則字緊結不散漫。如左直須變向右，右直須變向左，中直亦須稍向左彎。直太直，則不生動，且似力弱。字未完之直，斷宜作垂露；字末筆之直，宜作懸針。橫宜左長右短，左低右高。右高則字始峭拔，若橫平則失勢而字拖沓。字體宜長，長則字能卓立而氣勢生動。若方扁，則神氣頹惰，懸看尤不佳也。

——清·蘇惇元《論書淺語》

字形有內抱，有外抱。如上下二橫，左右二豎，其有若弓之背向外、弦向內者，內抱也；背向內、弦向外者，外抱也。篆不全用內抱，而內抱爲多；隸則無非外抱。辨正、行、草書者，以此定其消息，便知於篆隸孰爲出身矣。

字體有整齊，有參差。整齊，取正應也；參差，取反應也。書要曲而有直體，直而有曲致。若弛而不嚴，飄而不留，則其所謂曲直者誤矣。

——清·劉熙載《藝概·書概》

章法

夫欲書者，先乾研墨，凝神靜思，預想字形大小、偃仰、平直、

振動，令筋脉相連，意在筆前，然後作字。若平直相似，狀如算子，上下方整，前後齊平，便不是書，但得點畫耳。

——（傳）東晉·王羲之《題衛夫人〈筆陣圖〉後》

分間布白，遠近宜均，上下得所，自然平穩。當須遞相掩蓋，不可孤露形影及出其牙鋒，展轉翻筆之處，即宜察而用之。

——（傳）東晉·王羲之《筆勢論》

體五材之并用，儀形不極；像八音之迭起，感會無方。至若數畫并布，其形各异；衆點齊列，爲體互乖。一點成一字之規，一字乃終篇之準。違而不犯，和而不同；留不常遲，遣不恒疾；帶燥方潤，將濃遂枯；泯規矩於方圓，遁鉤繩之曲直；乍顯乍晦，若行若藏；窮變態於毫端，合情調於紙上；無間心手，忘懷楷則；自可背羲獻而無失，違鍾張而尚工。

——唐·孫過庭《書譜》

是其一字之中，皆其心推之，有絜矩之道也，而其一篇之中，可無絜矩之道乎？上字之於下字，左行之於右行，橫斜疏密，各有攸當。上下連延，左右顧矚，八面四方，有如布陣：紛紛紜紜，斗亂而不亂；渾渾沌沌，形圓而不可破。昔右軍之叙《蘭亭》，字既盡美，尤善布置，所謂增一分太長，虧一分太短，魚鬣鳥翅，花須蝶芒，油然粲然，各止其所。縱橫曲折，無不如意，毫髮之間，直無遺憾。

——明·解縉《春雨雜述》

古人論書，以章法爲一大事，蓋所謂行間茂密是也。余見米痴小楷，作《西園雅集圖記》，是紈扇，其直如弦，此必非有他道，乃平日留意章法耳。右軍《蘭亭叙》，章法爲古今第一，其字皆映帶而生，或小或大，隨手所如，皆入法則，所以爲神品也。

——明·董其昌《畫禪室隨筆》

行款篇法不可不講也，會得此語，寫出來自然氣局不同，結構亦異。其每字之樣聯絡配合，聯處能斷，合處能離，斯爲妙矣。

——清·陳奕禧《綠陰亭集》

篇幅以章法爲先，運實爲虛、實處俱靈；以虛爲實，斷處仍續。觀古人書，字外有筆、有意、有勢、有力，此章法之妙也。《玉版十三行》章法第一，從此脫胎，行草無不入彀。若行間有高下疏密，須得參差掩映之趣。

……

布白有三：字中之布白，逐字之布白，行間之布白。初學皆須停勻，既知停勻，則求變化，斜正疏密錯落其間。《十三行》之妙，在三布白也。

……

結體在字內，章法在字外，真行雖別，章法相通。余臨《十三行》百數十本，會意及此。

——清·蔣和《蔣氏游藝秘録》

言字之結構，千言萬語，無非求其相生；言字之布白，曲喻旁通，無非求其相讓。然不獨個字爲然，即通行亦然，通幅亦然。古代金石所傳，如周、秦大小篆，其行列疏朗者無論矣，以及漢代碑銘，若周代彝器之銘，有極錯雜者矣，顧雖縱橫穿插，紛若亂絲，要無一處相抵觸，亦且彼此相顧盼，不惟其字足法，即其行款亦應師也。

——清·張之屛《書法真詮》

主編簡介

孫曉雲，一九五五年生，江蘇南京人，當代著名書法家。現任中國書法家協會副主席，江蘇省書法家協會主席，江蘇省政府參事，江蘇省文聯副主席，江蘇省美術館名譽館長。全國書法展、蘭亭獎評審委員，中國國家畫院書法篆刻院副院長，享受國務院特殊津貼。國家一級美術師，中央美術學院博士生導師，蘇州大學博士生導師。幼承家學，三歲始臨習書畫，孜孜不倦近六十載。她始終堅持傳承文脉，回歸傳統，經過長期的實踐與研究，逐漸形成了瀟灑自然、秀敏靈動的書風。她以堅實的傳統帖學功底與鮮明的個人書法面貌，成爲當今書壇的領軍人物之一。著有《書法有法》《孫曉雲書法集》《孫曉雲書孟子》《孫曉雲書論語》等。

图书在版编目（CIP）数据

人美书谱.晋 王羲之 行书丛帖（宝晋斋法帖本）/
孙晓云主编.-- 北京：人民美术出版社，2018.9
ISBN 978-7-102-08147-2

Ⅰ.①人… Ⅱ.①孙… Ⅲ.①行书—法帖—中国—东
晋时代 Ⅳ.① J292.21

中国版本图书馆 CIP 数据核字 (2018) 第 207110 号

人美书谱·晋　王羲之 行书丛帖（宝晋斋法帖本）

RÉN MĚI SHŪ PǓ　JÌN　WÁNG XĪ ZHĪ　XÍNG SHŪ CÓNG TIÈ　BǍO JÌN ZHĀI FǍ TIÈ BĚN

本卷主编　孙晓云

编辑出版　人民美术出版社

（北京市东城区北总布胡同32号　邮编：100735）

http://www.renmei.com.cn

发行部：（010）67517601

网购部：（010）67517864

责任编辑　张啸东　金　灿

装帧设计　徐　洁

责任校对　冉　博

责任印制　高　洁

制　　版　朝花制版中心

印　　刷　北京盛通印刷股份有限公司

经　　销　全国新华书店

版　次：2018年12月　第1版　第1次印刷

开　本：870mm×1260mm　1／8

印　张：10

印　数：0001-3000册

ISBN 978-7-102-08147-2

定价：85.00元

如有印装质量问题影响阅读，请与我社联系调换。（010）67517784